Die schönsten Fincas auf Mallorca

Peter Neumann

Die schönsten Fincas auf Mallorca

Der Autor:

Peter V. Neumann, geb. 1951 in Burkunstadt-Oberfranken, lebt als freier Journalist und Autor seit 1979 in Spanien, die meiste Zeit davon auf Mallorca. Verheiratet mit einer Mallorquinerin, hat der Autor durch seine »Adoptiv«-Familie profunde Einblicke in das Leben der Inselbevölkerung erhalten.

Abkürzungen:

App = Appartement
DZ = Doppelzimmer
EZ = Einzelzimmer
F = Frühstück
JS = Juniorsuite
P = Personen
S = Suite

Piktogramme:

FINCABEWERTUNG IN FÜNF KATEGORIEN

= für Naturfreunde und Wanderer
= Sportmöglichkeiten vorhanden
= Wellness und Beauty
= für Familien geeignet
= eigener Restaurantbetrieb

AUSSTATTUNG DER FINCAS

= Pool
= Sauna
= Bar
= Fitnessraum
= Tennisplatz
= Golf
= Reitmöglichkeit
= Fahrradverleih
= für Businessleute
= Spielplatz
= Kapelle
= Konferenzräume

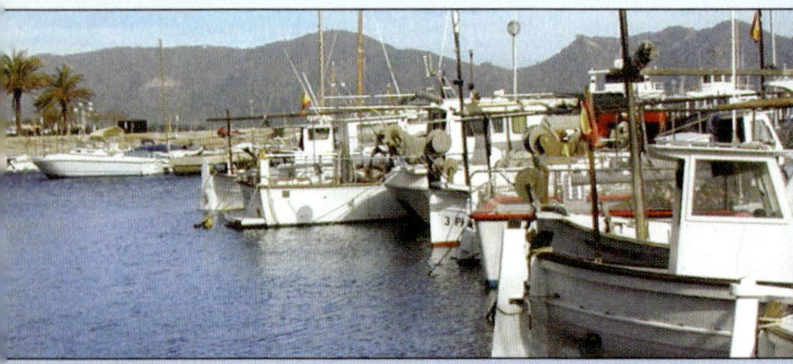

Fischerboote teilen sich die mehr als 40 Häfen Mallorcas mit unzähligen modernen Yachten.

C
D
Cap de Formentor
P. Fumat
334 m
Detailkarten I bis IV
siehe hintere Umschlagseite
Cala de Sant Vicenç
Formentor
Port de Pollença
Badia de Pollença
Cap des Pinar
C710
Camp de Mar
Alcúdia
Victòria
Port d'Alcúdia
C713
Cala de Penya Rotja
Cap de Ferrutx
Cala Mesquida
Badia d'Alcúdia
Platja de Muro
C712
Ca'n Picafort
Colònia de Sant Pere
Cala Rajada
Capdepera
Playa de Son Moll
C715
Sa Pobla
Muro
Son Serra de la Marina
Artà
Santa Margalida
Platja de Canyamel
Llubí
Maria de la Salut
Es Pla
Son Servera
Cala Bona
Sant Llorenç
Cala Millor
Sineu
Petra
Platja de Sa Coma
Lloret
Manacor
Son Crespí
Serres de Llevant
Cala Morlanda
Sant Joan
317 m
Porto Cristo
Montuïri
C715
Vilafranca de Bonany
C714
Cala Magrana
Porto Cristo Novo
Puig de Randa
543 m
Randa
Cala Falco
Cala Seguer
Son Macia
Calas de Mallorca
Porreres
Cala Domingos
Felanitx
Llucmajor
Cala S'Algar
509 m
Porto Colom
Campos del Puerto
Ca's Concos
S'Horta
Cala Marsal
Calonge
S'Alqueria Blanca
Cala d'Or
Porto Petro
Santanyí
Banys de Sant Joan
Cala Mondragó
Sa Ràpita
Cala Figuera
Es Trenc
Ses Salines
Cala Llombarts
Colònia de Sant Jordi
Cala Sa Comuna
Platja des Caragol
Cap de Ses Salines
1
2
3
4
0
100 km
©MERIAN-Kartographie

Inhalt

Hinter den Steinmauern der Fincas verbirgt sich häufig viel Eleganz und Komfort.

Einführung

Das ländliche Mallorca hat trotz der starken Einflüsse durch den Massentourismus einen großen Teil seines Charmes bewahrt. Erst in jüngster Vergangenheit hat sich das traditionelle, in seiner bäuerlichen Kultur verwurzelte Land den Fremden geöffnet. Viele Einwanderer aus Deutschland oder England haben sich nicht nur Appartements mit Meerblick gekauft, sondern auch alte Häuser in den kleinen Dörfern restauriert und halb verfallene Bauernhöfe in malerische Fincas umgewandelt.
Auch Mallorca-Liebhaber, die noch in ihren Heimatländern leben und arbeiten, genießen das angenehme Ambiente in den kleinen Dörfern und auf dem Land. Der Trend, die schönsten Tage des Jahres weitab vom Treiben der Pauschaltouristen in den Urlauberzentren zu verbringen, hat auf Mallorca zu einer regelrechten Strand- und Stadtflucht geführt.

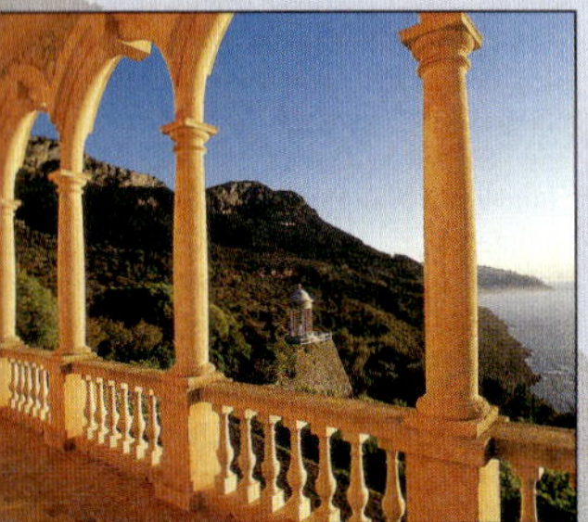

Sonnenuntergang am Musentempel des Erzherzogs Ludwig Salvator: Son Marroig.

Insel der Ruhe

Inzwischen stehen mehr als 150 Herbergen für die naturnahe Urlaubsgestaltung zur Verfügung. Diese Ferienfincas und kleinen Landhotels bieten den Mallorca-Urlaubern die Möglichkeit, Land und Leute hautnah kennen zu lernen.
In alten Herrenhäusern, ehemaligen Gutshöfen, Weinkellereien und Windmühlen, in kleinen Dorfgasthäusern und Stadthotels trifft man nicht nur die lebendige Geschichte dieses alten Kulturvolkes: Hier findet man noch die sprichwörtliche Ruhe, die der Insel – Mallorca, »la isla de la calma« – einst diesen Beinamen verschaffte. Die meist historischen Gemäuer, viele gehen auf die maurische Zeit (900–1200 n. Chr.) zurück, wurden aufwendig und liebevoll restauriert und mit den Annehmlichkeiten des modernen Lebens ausgestattet.

Vom Bauernhof bis zur Edelfinca

Die breite Palette des Angebots reicht vom familiär betriebenen Bauernhof mit einigen netten Fremdenzimmern bis zur mondän eingerichteten Edelfinca mit eigenem Golfplatz und Fünf-Sterne-Service. Einige Fincahotels bieten ein umfangreiches Wellness- und Beauty-Programm, besonders für Leute geeignet, die die wenigen Urlaubstage intensiv für ihre Erholung nutzen wollen.

Gastfreundschaft groß geschrieben

Die traditionelle Gastfreundschaft der Mallorquiner spürt man besonders beim Service: Oft kümmern sich die Besitzer selbst um ihre wenigen Gäste. Neben fantastischen Frühstückbuffets werden die Gutsherren auf Zeit in den meisten Häusern auch abends mit Spezialitäten der einheimischen Küche verwöhnt. Tagsüber hat man genügend Muße, die umliegende Gegend zu erkunden – zu Fuß, mit dem Fahrrad, zu Pferd oder mit dem Mietwagen. Auch hier liegt der größte Reiz im liebenswerten Detail. Es gibt noch viel zu entdecken und zu erforschen bei diesen Streifzügen durch die einheimische Gastronomie, durch das reiche Kulturleben und die allgegenwärtige Geschichte Mallorcas.

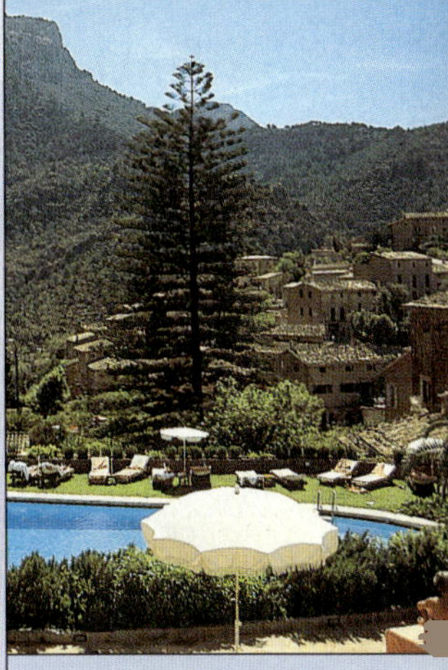

Mallorcas Bergdörfer schmiegen sich terrassenförmig an die oft steilen Hänge.

Zentrale Buchungsstelle
Die meisten der auf den Balearen existierenden Finca- und Dorfhotels sind in der Vereinigung für Landtourismus (Associació Agroturisme Balear) zusammengeschlossen. Das Büro der Vereinigung in Palma, Avenida Gabriel Alomar i Villalonga 8A 2°A, dient den Mitgliedern auch als Buchungszentrale. Es wird Deutsch gesprochen. Die Zentrale bietet den Vorteil, dass sie bei einer eventuellen Vollbelegung eines Hotels ein entsprechendes Ausweichquartier vorschlagen kann.
Tel. 9 71 72 15 08
Fax 9 71 71 73 17
E-Mail:
agroturismo@mallorcanet.com
www.agroturismo-balear.com

Buchtipp

Der Schelmenroman »Die Insel des zweiten Gesichts« des deutschen Schriftstellers Albert Vigoleis Thelen (dtv TB 12469) trägt autobiografische Züge. Thelen lebte bis zum Ausbruch des spanischen Bürgerkrieges 1936 einige Jahre auf Mallorca. Die brillante Schilderung des Alltagslebens vermittelt ein eindrucksvolles Bild der mallorquinischen Gesellschaft vor dem Aufbruch in die moderne, vom Tourismus geprägte Zeit.

Kreditkarten
Fast alle Hotels und Fincas akzeptieren die gängigen Kreditkarten Visa oder Euro-Mastercard. Mit den Karten kann auch problemlos in den zahlreichen Filialen der Sparkassen und Banken Bargeld abgehoben werden.

1 BÀLITZX D'AVALL

10 DZ • DZ/F 90 € (Abendessen inkl.) • Flughafen: 45 km

B1
Carretera Sóller-Lluc, Einfahrt beim Aussichtsrestaurant Mirador de Ses Barques Apto. De Correos 79, 07100 Sóller

Tel. 639 71 85 06

Anreise: Vom Flughafen nimmt man die Autobahn Richtung Palma und dann die Ringautobahn Via de Cintura bis zur Abfahrt nach Sóller. Über den Pass oder den kostenpflichtigen Tunnel kommt man in das Orangental. Unterhalb Sóllers biegt die Landstraße Richtung Kloster Lluc nach rechts ab. Die Besitzer holen die Gäste beim Mirador de Ses Barques ab. Die letzten fünf Kilometer sind nicht geteert.

Beschreibung: Uriger Bergbauernhof mit gemütlichen Fremdenzimmern inmitten einer spektakulären Berglandschaft. Die Ursprünge der mittelalterlichen Anlage gehen auf das 16. Jahrhundert zurück. Im Zitrusgarten liegt ein Badeteich, der ständig mit Bergwasser gespeist wird. Gekocht wird deftig, mit Zutaten aus eigenem Anbau.

Fazit: Auf Bàlitzx kann man Natur pur genießen, deshalb ist die Finca mit ihrem familiären Ambiente beliebter Ausgangspunkt für Wanderungen in den umliegenden Bergen oder an der Steilküste entlang bis Cala Tuent.

2 Biniboa Parc Natural

B2
Finca Binibona
07314 Caimari

Tel. 9 71 87 50 69
Fax 9 71 87 51 43
E-Mail: finca@binibona.com
www.binibona.com

Anreise: Die Autobahn Richtung Palma wird schon an der ersten Ausfahrt zur Autobahn nach Inca verlassen. Auf der Ortsumgehung Inca folgt man den Hinweisen zum Kloster Lluc. Hinter Selva zweigt in Caimari, dem nächsten Dorf, eine kleine Straße nach Binibona ab.

Kurzbeschreibung: Aus dem trutzigen Berghof wurde mit viel Liebe zum rustikalen Detail ein schmuckes Landhotel. Die geräumigen Zimmer sind im mallorquinischen Stil eingerichtet. Das Haus bietet viele Annehmlichkeiten wie Sauna, solarbeheizten Pool und Fitnessraum. Auf der Finca wird versucht, konsequent ökologisch zu wirtschaften mit Solarenergie, Wasseraufbereitung und Biogemüse.

Fazit: Die Besitzerfamilie, die schon seit Jahren die benachbarte Ferienfinca Ets Albellons (→ S. 34) betreibt, hat im neuen Haus ihre große Erfahrung eingebracht. Bewundernswert das Engagement in Sachen Ökologie. Hier kann man den Urlaub im vollen Einklang mit der Natur genießen.

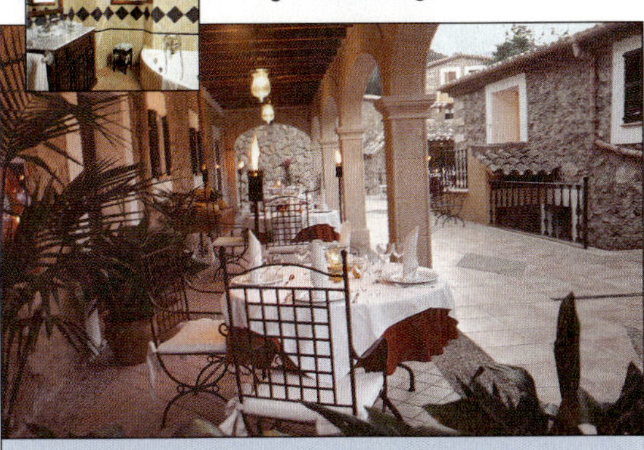

2 DZ/ 9 JS • DZ/F 143–160 € • JS/F 188–206 € • Flughafen: 46 km

3 Ca n'Ai

B2
Cami de Son Sales 50
07100 Sóller

Tel. 9 71 63 24 94
Fax 9 71 63 18 99
E-Mail: finca-canai@terra.es
www.canai.com

Anreise: Über die Autobahn Richtung Palma und die Ringautobahn Via de Cintura kommt man zur Landstraße nach Sóller. Sie führt zum mautpflichtigen Autotunnel. Wer Zeit hat und Geld sparen will, nimmt die alte Serpentinenstraße. Auf der Ortsumgehung fährt man Richtung Deiá, dann gleich wieder rechts in den Cami de Son Sales.

Kurzbeschreibung: Auf halbem Weg zwischen Bergen und Meer liegt dieser ehemalige Gutshof, dessen 5000 Orangenbäume mit einem Kanalsystem aus maurischer Zeit bewässert werden. Das stattliche Anwesen wurde mit viel Liebe zum Detail in ein komfortables Landhotel umgewandelt. Die riesigen Zimmer und Suiten sind mit erlesenen Antiquitäten, mallorquinischen Möbeln und Stoffen ausgestattet. Das im Michelin mit einem Stern bewertete Restaurant von Ca n'Ai ist weit über die Grenzen Mallorcas hinaus bekannt. Auch die Königsfamilie zählt im Sommer zu den Gästen. Urige Kaminecken, der Speisesaal und das gesamte Erdgeschoss des Haupthauses erinnern an die ländliche Vergangenheit. Das schönste Erlebnis aber ist ein romantisches Abendessen unter der riesigen Linde auf der

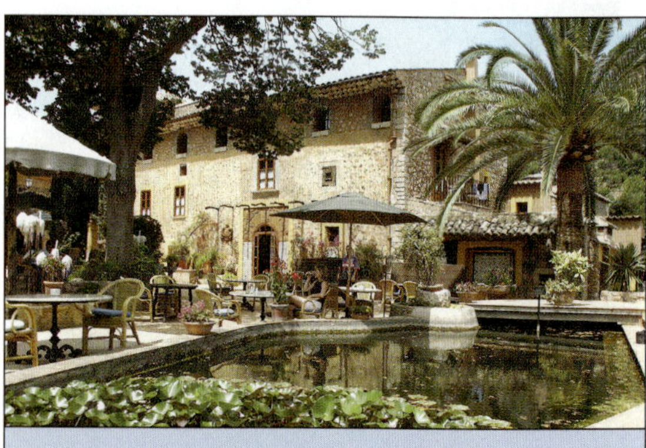

12 S • S/F 210 € • Flughafen: 30 km

Antiquitäten und rohe Steinmauern geben den Räumen von Ca n'Ai ihren Charme.

Erholung pur: im Schatten der großen Linde.

großen Terrasse im Innenhof, umgeben vom gewaltigen Panorama der hohen Berge.

Fazit: **Der Besitzer hat es verstanden, Tradition mit Komfort und Spitzenservice zu verbinden. Zusammen mit der idyllischen Umgebung wird der Urlaub auf der Edel-Finca zu einem unvergesslichen Erlebnis.**

4 Ca'n Beneit

6 DZ/ 4 S • DZ/F ab 143 € • S/F 225 € • Flughafen: 43 km

B2
Binibona, 07314 Caimari

Tel. 9 71 51 57 72
Fax 9 71 51 57 73
E-Mail: info@canbeneit.com
www.canbeneit.com

Anreise: Die Flughafenautobahn Richtung Palma wird schon an der ersten Ausfahrt verlassen, die neue Verbindungsstraße führt über Son Ferriol zur Autobahn nach Inca. Auf der Ortsumgehung Inca folgt man stadteinwärts den Hinweisschildern zum Kloster Lluc. Nach dem malerischen Dorf Selva zweigt in Caimari, dem nächsten Dorf, eine kleine Teerstraße zum Weiler Binibona ab.

Kurzbeschreibung: Der alte Gutshof wurde aufwendig restauriert und seiner neuen Bestimmung als komfortable Herberge angepasst. Die rustikal gestalteten Zimmer im Landsitz Ca'n Beneit sind geräumig, die Bäder der Suiten mit Hydromassage ausgestattet. In der weitläufigen Anlage gibt es viel Platz für den individuellen Rückzug. Das gesellige Leben spielt sich in der Bar oder am Pool ab. Die Besitzer stehen ihren Gästen mit Rat und Tat zur Seite.

Fazit: Binibona liegt in einem Tal bei den Gebirgsausläufern der Tramuntana. Mehrere Hotels bilden hier ein Zentrum für naturverbundenen Urlaub. Ca'n Beneit ist besonders empfehlenswert.

5 Ca'n Calco

B2
Calle Campanet 1
07314 Moscari

Tel./Fax 9 71 51 52 60
Mobil 6 19 74 73 08

Anreise: Die Autobahn Richtung Palma wird schon an der ersten Ausfahrt verlassen, die neue Verbindungsstraße führt zur Autobahn nach Inca. Auf der Ortsumgehung Inca folgt man stadteinwärts den Hinweisschildern zum Kloster Lluc. Im malerischen Dorf Selva zweigt nach rechts eine Teerstraße nach Moscari ab.

Kurzbeschreibung: Das kleine Hotel liegt im Zentrum des Weilers Moscari am Südhang des Tramuntana-Gebirges. Vom Pool aus hat man einen herrlichen Blick auf das Hochgebirge. Die Juniorsuiten sind komfortabel eingerichtet. Die Kombination aus antiken mallorquinischen Möbeln und Schmiedeeisen ist gelungen. Auf die festlich gedeckten Tische des kleinen Restaurants kommen auf Wunsch auch die maritimen Spezialitäten der Besitzer, deren Familien zwei Fischerboote in Puerto de Alcúdia liegen haben.

Fazit: Das Ca'n Calco ist der geeignete Ort, um ruhige Ferien in familiärer Atmosphäre zu genießen. In Moscari ist das Dorfleben noch angenehm beschaulich. Ausflüge zu Fuß oder mit dem Fahrrad.

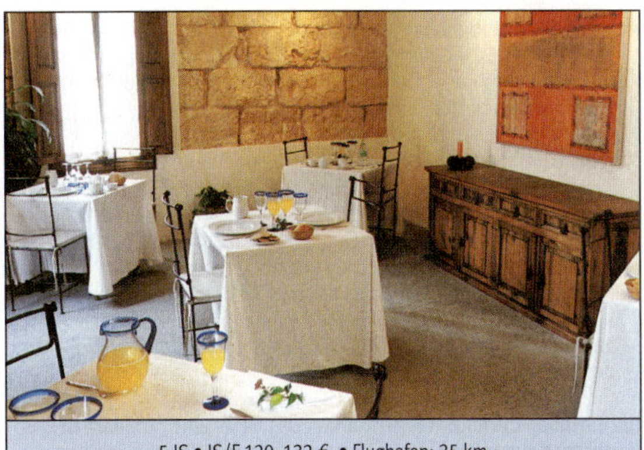

5 JS • JS/F 120–132 € • Flughafen: 35 km

6 Ca'n Moragues

4 DZ/4 JS • DZ/F 121 € • JS/F 151 € • Flughafen: 60 km

D2
Carrer Pou Nou 12
07570 Artà

Tel. 9 71 82 95 09
Fax 9 71 82 95 30
E-Mail: hotel@canmoragues.com
www.canmoragues.com

Anreise: Die Autobahn Richtung Llucmajor wird an der zweiten Ausfahrt verlassen. Die Verbindungsstraße führt zur Landstraße nach Manacor, der man weiter nach Artá folgt. In der Altstadt von Artá fragt man am besten nach der Carrer Pou Nou.

Kurzbeschreibung: Mitten in der malerischen Altstadt des Handwerkerstädtchens liegt dieses Patrizierhaus aus dem 19. Jahrhundert, das in ein exklusives, komfortables Hotel umgebaut wurde. Die Zimmer und Suiten sind mit viel Geschmack eingerichtet. Das Haus ist mit beheiztem Pool, Sauna und Fitnessraum ausgestattet. Schattige Plätzchen findet man im Zitrusgarten oder dem typisch mallorquinischen Patio, dem Innenhof. Zu bestimmten Zeiten kann man von hier aus auch auf die Jagd gehen – auf einer zweiten Finca, die auch der Familie gehört.

Fazit: Neben dezenter Eleganz bietet das Haus eine familiäre Atmosphäre; die Besitzerfamilie kümmert sich mit Hingabe um ihre wenigen Gäste.

7 Ca'n Reus

B2
Carrer Auba 26
07109 Fornalutx

Tel./Fax 9 71 63 11 74
E-Mail: canreus@hotmail.com
www.balearicsite.com/canreus

Anreise: Über die Autobahn (Richtung Palma) und die Ringautobahn Via de Cintura kommt man zur Straße nach Sóller. Sie führt zum mautpflichtigen Autotunnel. Wer Zeit hat und Geld sparen will, nimmt die Serpentinenstraße. Auf halbem Weg zwischen Sóller und seinem Hafen zweigt die Straße rechts nach Fornalutx ab.

Kurzbeschreibung: Dieses typisch mallorquinische Dorfhaus, mitten in einem der schönsten Bergdörfer der Insel gelegen, wurde mit Rücksicht auf den ursprünglichen Charakter in ein kleines, einfaches Hotel verwandelt. Die schlichten, sauberen Zimmer sind komfortabel ausgestattet. Das Ca'n Reus ist eine gute Basis für Ausflüge in die spektakuläre Bergwelt.

Fazit: Dieses Mini-Hotel bietet die Möglichkeit, das typische Dorfleben auf Mallorca kennen zu lernen: Man ist als Gast auch Nachbar. Die Besitzerfamilie kümmert sich aufmerksam um ihre wenigen Gäste und gibt Ratschläge für die zahlreichen Touren, die Fornalutx zum Ausgangspunkt haben.

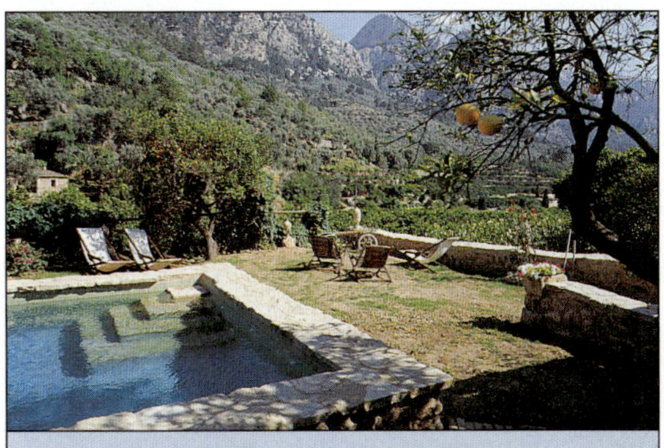

7 DZ • DZ/F 109–122 € • Flughafen: 30 km

8 CA'S CURIAL

B2
Carrer La Villalonga 23
07100 Sóller

Tel. 9 71 63 33 32
Fax 9 71 63 22 07
E-Mail: info@cascurial.com
www.cascurail.com

Anreise: Über die Autobahn nach Palma und die Ringautobahn Via de Cintura kommt man zur Straße nach Sóller. Sie führt zum Autotunnel durch das Tramuntana-Gebirge (mautpflichtig). Wer Zeit hat und Geld sparen will, nimmt die alte Serpentinenstraße. Das Hotel liegt außerhalb von Sóller, versteckt in ausgedehnten Zitrusplantagen.

Kurzbeschreibung: Das alte Landhaus wurde erst vor wenigen Jahren in eine komfortable Herberge umgewandelt. Seine Ursprünge liegen in der Zeit der Araber, die Bewässerungsanlage für die Zitrusbäume stammt aus jener Epoche. Die Zimmer und Suiten sind im rustikalen Stil gehalten und mit modernem Standard ausgerüstet. Auf Wunsch gibt es einheimische Küche. Der Pool liegt in einer Orangenplantage vor der beeindruckenden Bergkulisse, die das Sóller-Tal umgeben.

Fazit: **Das Hotel eignet sich für Wanderfreunde ebenso wie für Gäste, die am typischen Leben des quirligen Städtchens Sóller teilhaben wollen, aber Wert auf eine ruhige Bleibe legen. Zu Fuß sind es gut fünf Minuten ins Zentrum. Der Hafen ist fünf Kilometer entfernt.**

2 DZ/3 S/3 JS • DZ/F 126 € • JS/F 150 € • S/F 190 €
Flughafen: 28 km

9 Ca's Payes des Pujol

DZ/F 93 € • JS/F 103 € • das gesamte Haus 258 € • Flughafen: 45 km

D3/4
Cami des Pujol
07660 Alqueria Blanca-Santanyi

Tel. 9 71 16 40 65
Mobil 6 49 47 58 91

Anreise: Vom Flughafen nimmt man die Autobahn und Landstraße nach Llucmajor. Über Campos kommt man nach Santanyi. Dort zweigt die Landstraße links nach Alqueria Blanca ab. In diesem Weiler nach dem Cami des Pujol fragen und den Schildern folgen.

Kurzbeschreibung: Die Finca, ein durch seine Größe beeindruckendes Bauernhaus, wurde auf einem Hügel erbaut. Von dort aus hat man einen herrlichen Blick auf die nahe gelegene Küste. Nur ein kleiner Teil des ausgedehnten Anwesens mit Ursprüngen im 13. Jahrhundert wird für die Unterbringung und Bewirtung der wenigen Gäste verwendet. Die drei Doppelzimmer sind komfortabel, haben jedoch nur ein gemeinsames Bad. Die Gemeinschaftsräume sind sehr geräumig. Die Gäste baden im Pool auf der Terrasse oder an den nahen Stränden. Das Haus (8 Personen) wird auch komplett vermietet.

Fazit: Ideal für Leute, die eine naturverbundene Basis für ihren Inselaufenthalt suchen und auch keine Angst vor Tieren haben. Auf der Finca gibt es unter anderem 200 Schafe.

10 Ca's Sant

1 DZ/ 4 JS • DZ/F 160 € • JS/F 192 € • Flughafen: 30 km

B2
Cami de ses Fontanelles 34
07100 Sóller

Tel. 9 71 63 02 98
Fax 9 71 63 49 72
E-Mail: info@cas-sant.com
www.cas-sant.com

Anreise: Über die Autobahn Richtung Palma und die Ringautobahn Via de Cintura kommt man zur Landstraße nach Sóller. Sie führt zum mautpflichtigen Autotunnel. Wer Zeit hat und Geld sparen will, nimmt die Serpentinenstraße. Im Ort folgt man der Straße nach Biniaratx und fragt nach dem Cami de ses Fontanelles.

Kurzbeschreibung Weniger als einen Kilometer vom Ortszentrum Sóllers entfernt liegt dieses Herrenhaus mitten in einer Orangenplantage. Die mit modernem Komfort ausgestatteten Zimmer sind in einem Nebengebäude untergebracht. Die üppige Vegetation und das überwältigende Panorama der hohen Berge, die Sóller umgeben, sind schon den halben Aufenthalt wert. Es gibt einen Pool.

Fazit: Das geschmackvoll eingerichtete Hotel ist ideal zum Relaxen. Der Weg durch die Orangenhaine in die Stadt ist ein reines Vergnügen und zur Zeit der Blüte eine Geruchsorgie.

11 EL ENCINAR

D2
Camino des Rafal dels Sants,
07550 Son Servera

Tel. 9 71 6 39 38 59 74
Fax 9 71 18 38 60
E-Mail: zweygart@vr-web.de
www.elencinardearta.com

Anreise: Die Autobahn Richtung Llucmajor wird an der ersten Ausfahrt Richtung Manacor verlassen. Der Hauptstraße nach Manacor folgt man weiter bis Sant Llorenc des Cardassar und dann nach Son Servera. Richtung Capdepera biegt hinter dem Golfplatz von Pula eine kleine Straße Richtung Artá ab, der man ca. drei Kilometer folgt.

Kurzbeschreibung: Dieses Landhaus aus dem 18. Jahrhundert liegt auf einer Anhöhe oberhalb des schönsten Teils der Ostküste. Die Zimmer sind mit mallorquinischen Stilmöbeln und modernem Komfort ausgestattet. Zwei Appartements eignen sich für Selbstversorger. Im Haupthaus befinden sich ein Kaminzimmer, eine Bar, eine Bibliothek und ein gemütlicher Weinkeller. Von der Terrasse des Pools aus hat man einen herrlichen Meerblick. Großes Frühstücksbüfett, auf Wunsch abends einheimische Spezialitäten.

Fazit: Das Hotel bietet guten Service und familiäres Ambiente. Es ist für Bade- und auch für Golfferien ein geeigneter Standort. Golfspieler haben auf den umliegenden Plätzen 20 Prozent Ermäßigung.

8 DZ/ 2 App • DZ/F 96–132 € • App (4 P) 145–170 € • App (6 P) 240–270 € • Flughafen: 65 km

12 Els Marsals

B4
Carretera Cabo Blanco Cami de Sa Torre, 07620 Llucmajor

Tel. 9 71 18 03 45
Fax 9 71 18 03 51
E-Mail: ingrid-polka@wanadoo.es
www.Els-Marsals.com

Anreise: Man nimmt die Flughafenautobahn nach Llucmajor und verlässt sie an der letzten Ausfahrt nach Arenal-Cabo Blanco. Bei Kilometer 8,5 biegt die kleine Teerstraße Cami de Sa Torre nach links von der Landstraße ab. Der weitere Weg ist ausgeschildert.

Kurzbeschreibung: Els Marsals ist ein typisches Landgut des südlichen Inselteils. Im imposanten Herrenhaus wurden sechs komfortable Zimmer eingerichtet, die mit mallorquinischen Möbeln ausgestattet sind. Das mit Mandel-, Johan-

Bei kühlerem Wetter bieten sich die beiden Salons mit offenem Kamin an.

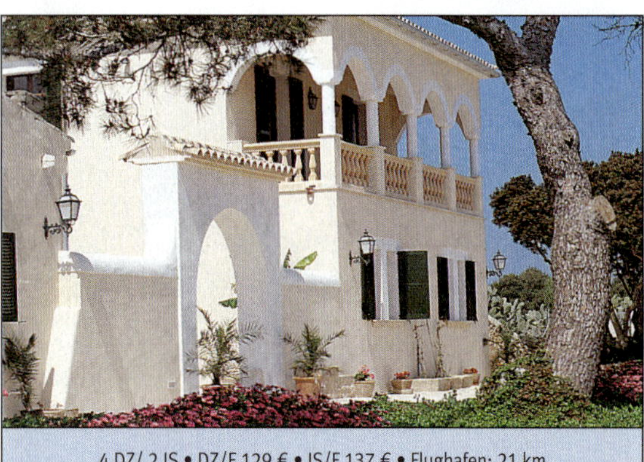

4 DZ/ 2 JS • DZ/F 129 € • JS/F 137 € • Flughafen: 21 km

nisbrot- und Feigenbäumen bepflanzte Grundstück umfasst mehr als 500 000 Quadratmeter. Der Golfplatz von Son Antem liegt nur zwei Kilometer entfernt. Das Haupthaus bietet einen Speisesaal und zwei Salons mit Kamin. Der schattige Innenhof und der Pool im Garten laden zum Verweilen ein.

Fazit: **Die Finca eignet sich sehr gut als Stützpunkt für Leute, die ihren Urlaub in aller Ruhe genießen und dennoch die Nähe zu lebhaften Urlauberzentren wie S'Arenal oder zur Hauptstadt Palma für sporadische Besuche nutzen wollen.**

Alle Zimmer verfügen über Heizung und Ventilator.

Tipp

Hochprozentiges mit Kräutern

Mallorca zeigt auch bei Hochprozentigem eigenen Charakter: Eine Spezialität der Insel ist der Kräuterlikör *hierbas*, den es in den Geschmacksrichtungen süß, trocken oder halbtrocken gibt. In vielen mallorquinischen Restaurants wird er, mit zahlreichen Mittelmeerkräutern aromatisiert, nach dem Essen als kleine Verdauungshilfe gereicht. Der herbe Kräuterschnaps *palo*, der neben Kräutern auch Eichenrindenextrakt enthält, ist ebenfalls ein Digestif. Kaum bekannt ist einer der besten Brandweine Spaniens, der in den riesigen Katakomben der Bodega Suau in Palmas Vorort Pont d'Inca reift: Probieren Sie doch einmal einen echten Suau zum Kaffee!

13 Es Castell

12 DZ • DZ/F 140–193 € • Flughafen: 45 km

C2
Binibona
07314 Caimari

Tel./Fax 9 71 87 51 54

Anreise: Die Autobahn Richtung Palma wird an der ersten Ausfahrt verlassen, die Verbindungsstraße führt zur Autobahn nach Inca. Auf der Ortsumgehung Inca folgt man stadteinwärts den Hinweisschildern zum Kloster Lluc. Nach Selva zweigt in Caimari, dem nächsten Dorf, eine kleine Teerstraße zum Weiler Binibona ab.

Kurzbeschreibung: Der große Berghof thront einsam auf halber Höhe seines Hausbergs Puig des Migdia, umgeben von jahrhundertealten Olivenhainen. Schon die Mauren hatten das 300 Hektar große Fincagrundstück bewirtschaftet. Die komfortablen Gästezimmer beanspruchen nur einen kleinen Teil des urigen Anwesens. Zahlreiche Winkel, Sitzecken und schattige Innenhöfe laden zum Verweilen ein, ebenso ein moderner Pool.

Fazit: In Es Castell kann man in aller Ruhe die Seele baumeln lassen. Nur die Schafsglocken und das Rufen des Waldkauzes mischen sich in das ewige Raunen des Windes in den uralten Olivenhainen. Auf Wunsch gibt es auch besondere Gerichte – wie Lammbraten – aus dem Backofen.

Die gemütliche Leseecke am Kamin lädt zum Entspannen ein.

Tipp

Kunsthandwerk

Obwohl die Insel von einer Unmenge billiger Souvenirs zweifelhafter Herkunft überschwemmt wird, findet man selbst in strandnahen Andenkenläden einheimisches Kunsthandwerk. Keramik und Tongeschirr kommt aus den Töpfereien von Portol und Felanitx. Mundgeblasenes Glas stellen die Gordiolas in Algaida und Lafiore an der Landstraße nach Valldemossa her. Sehenswert das Geschäft der Gordiolas in der Calle Victoria 6, gleich beim Rathaus in Palma. Sehr begehrt sind die dekorativen Baumwollstoffe, die ein Zungenmuster aufweisen. Die besten kommen aus den Werkstätten Bujosa in Santa Maria und Can Vicenç in Pollença. Man findet diese typischen Inselprodukte auch auf den Wochenmärkten (→ S. 86).

14 Es Convent

C1

Carrer del Progrés 6
07400 Alcúdia

Tel. 9 71 54 87 16
Fax 9 71 54 55 44

Anreise: Die Flughafenautobahn Richtung Palma wird schon an der ersten Ausfahrt Coll den Rabassa verlassen, die neue Verbindungsstraße führt über Son Ferriol zur Autobahn nach Inca. Von dort folgt man der Landstraße nach Alcúdia. Das Minihotel liegt im historischen Zentrum der Stadt.

Die Zimmer haben alle eine Klimaanlage.

Kurzbeschreibung: Dieses mittelalterliche Herrenhaus, das einst auch Ordensbrüder bewohnten, wurde in ein kleines Stadthotel umgebaut, ohne den ursprünglichen Charakter des wuchtigen Steinhauses zu verändern. Die geräumigen Zimmer sind komfortabel ausgestattet.

1 DZ/ 3 JS • DZ/F 168 € • JS/F 192 € • Flughafen: 63 km

Verlockend: die köstliche Mittelmeerküche im Restaurant.

Das im gleichen Haus liegende Restaurant ist bekannt für seine innovative Mittelmeerküche.

Fazit: Das familiär geführte Hotel ist ein hübscher Ort für Individualisten: Man kann sich jeden Tag neu zwischen städtischem Leben in Alcúdia und kulinarischen Höhenflügen im hauseigenen Restaurant entscheiden.

Tipp

Musikalische Höhepunkte

Palma bietet – außer im Sommer – ein reiches Angebot klassischer Musik. Höhepunkte sind die Opernaufführungen im Teatro Principal und die abendlichen Konzerte im runden Innenhof des Stadtschlosses Castillo de Bellver. Auch die klassischen Sommerfestivals von Pollença und Deiá haben sich weit über die Grenzen der Insel hinaus einen Namen gemacht. Im Sommer gibt es Pop und Rock in Hülle und Fülle.

15 Es Figueral Nou

C3
Landstraße Montuiri–Sant Joan,
07230 Montuiri

Tel. 9 71 64 67 64
Fax 9 71 64 67 47
E-Mail: esfigueral@baleares.com
www.baleares.com/tourist.guide/esfigueral

Anreise: Man nimmt die Autobahn Richtung Llucmajor und dann die zweite Ausfahrt zur Hauptstraße nach Manacor. Nach Algaida zweigt die Straße nach links zum Städtchen Montuiri ab, fast in der Inselmitte gelegen. Von Montuiri aus folgt man ca. einen Kilometer der Landstraße nach Sant Joan.

Kurzbeschreibung: Das riesige Landhaus, dessen Ursprünge auf das 15. Jahrhundert zurückgehen, beherrscht die Ebene in der Inselmitte. Die 25 geräumigen Zimmer und Suiten sind im traditionellen Stil ausgestattet, doch muss der Gast keineswegs auf Komfort verzichten. Das elegante Landhotel hat ein Restaurant, mehrere Salons und Bars. Zwei beheizte Pools, Sauna und Whirlpool laden nach dem Tennisspielen auf dem eigenen Platz zum Relaxen ein.

Fazit: Das Landhotel ist durch seine zentrale Insellage idealer Ausgangspunkt für Ausflüge auf Mallorca. Es bietet mit seinem rustikalen Ambiente den Komfort eines Vier-Sterne-Hotels. Auch Kinder sind gerne gesehen, für sie gibt es einen schönen Spielplatz.

19 DZ/6 JS • DZ/F 182 € • JS/F 194 € • Flughafen: 30 km

16 Es Mayolet

7 DZ • DZ/F 170 € • Flughafen: 50 km

C/D2
Cami de s'Avall
Finca La Rotana, 07500 Manacor

Tel. 9 71 84 56 85,
Fax 9 71 55 52 58
E-Mail:
mayolet@reservarotana.com
www.reservarotana.com

Anreise: Vom Flughafen nimmt man die Autobahn nach Llucmajor und dann gleich die zweite Ausfahrt nach Manacor. In der zweitgrößten Stadt der Insel zweigt hinter der Tankstelle an der Umgehungsstraße nach links die Zufahrt zur Finca La Reserva Rotana ab, Es Mayolet ist Teil dieses Besitzes.

Kurzbeschreibung: Dieser renovierte Bauernhof liegt innerhalb der Reserva Rotana, deren größter Teil ein privates Naturschutzgebiet ist. Die umliegenden Felder werden bewirtschaftet, der Golfplatz steht auch den Gästen von Es Mayolet zur Verfügung. Die Zimmer im rustikalen Stil sind groß und komfortabel. Gemütliche Kaminecken und ein eleganter Pool im Garten laden zu einer kleinen Pause ein. Auf Wunsch wird abends deftige einheimische Küche serviert.

Fazit: Ein idealer Platz für Leute, die das Rustikale lieben, aber auf Luxus nicht verzichten wollen. Die mallorquinischen Hausherren kümmern sich rührend um ihre Gäste.

17 Es Passarell

6 DZ/ 6 App • DZ/F 120 € • App ab 150 € • Flughafen: 32 km

C3
Cami de Son Mesquida 2a
Vuelta N° 117, 07200 Felanitx

Tel. 9 71 18 30 91
Fax 9 71 55 71 33
www.todoesp.es/es-passarell

Anreise: Man nimmt die Flughafenautobahn nach Llucmajor und folgt dann der Landstraße über Campos nach Felanitx. Kurz vor der Ortseinfahrt biegt nach links der Cami de Son Mesquida ab, dem man ca. vier Kilometer folgt. Die Finca liegt linker Hand.

In Es Passarell blieb die ursprüngliche Baustruktur erhalten.

Kurzbeschreibung: Dieser ehemalige Bauernhof, eine typische mallorquinische Vaqueria, liegt inmitten von Zitrus- und Aprikosenplantagen auf dem flachen Land zwischen Porreres und Felanitx. Bei der Renovierung wurde in behutsamer Kleinarbeit anhand alter Bauzeichnungen die ursprüngliche Struktur erhalten. Die mit Antiquitäten und Sammlerstücken aus aller Welt stilsicher eingerichteten Zimmer und Appartements bieten modernen Komfort. Der Pool und der schattige, üppige Garten ergänzen das Angebot. Gäste können sich im »Naschgarten« mit frischem Obst und Gemüse bedienen.

Fazit: Die Besitzerin hat mit viel Engagement eine Oase für Erholungssuchende geschaffen. Die Finca ist sowohl für Selbstversorger als auch für Gäste geeignet, die sich gerne verwöhnen lassen wollen.

Tipp

Mallorquinische Gaumenfreuden

Die deftige Inselküche, die ihren bäuerlichen Ursprung nicht verleugnet, findet immer mehr Anhänger. Spanferkel, Schweinerücken mit Kohl sowie geschmorter Hase mit Zwiebeln sind typische Speisen. Kalorienbewusste greifen auf frische, knackige Salate oder Fisch und Meeresfrüchte in mannigfaltiger Form zurück.

Die Zimmer sind geräumig und sehr persönlich eingerichtet.

18 Es Picot

D3
Cami de sa Mola
07509 Son Macià

Tel. 6 67 73 52 76
Fax 9 71 84 42 20
E-Mail: Es-Picot@terra.es

Anreise: Die Autobahn Richtung Llucmajor wird an der zweiten Ausfahrt verlassen. Die Verbindungsstraße führt zur Landstraße nach Manacor, der man bis zum Kreisverkehr bei Montuiri folgt. Über Porreres gelangt man nach Felanitx und in den Weiler Son Macià. Dort fragt man am besten nach Cami de sa Mola.

Kurzbeschreibung: Dieser Bauernhof aus dem 19. Jahrhundert wurde mit viel Liebe zum historischen Detail renoviert. Die Zimmer sind einfach, aber gemütlich. Jeder Raum hat seine eigene Terrasse. Das kleine Hotel liegt sehr hübsch inmitten der Hügel bei Felanitx. Bei kühlerem Wetter brennt das Feuer im Kamin des Speisezimmers. Im Pool kann man sich nach einem Ausritt auf den hauseigenen Pferden erfrischen. Mit dem Auto ist man in zehn Minuten an den Stränden der Ostküste.

Fazit: Von Es Picot aus kann man das geruhsame Landleben auf Mallorca in seiner Ursprünglichkeit genießen. Eine große Attraktion sind die Pferde, die man dort leihen kann.

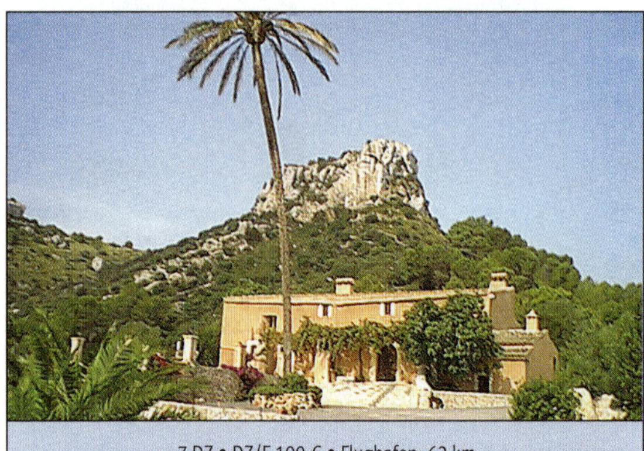

7 DZ • DZ/F 100 € • Flughafen: 62 km

19 Es Puig de Ros d'Alt

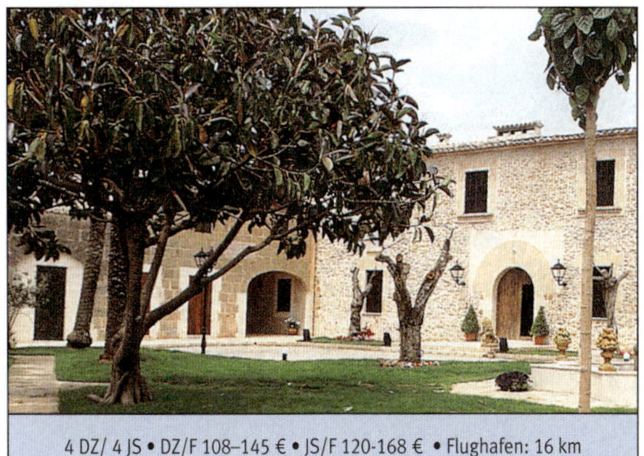

4 DZ/ 4 JS • DZ/F 108–145 € • JS/F 120-168 € • Flughafen: 16 km

B4
Carretera Cabo Blanco, Cami de Sa Torre 07620 Llucmajor

Tel. 9 71 18 05 51
Fax 9 71 18 09 52

Anreise: Man nimmt die Flughafenautobahn nach Llucmajor und verlässt sie an der letzten Ausfahrt nach Arenal-Cabo Blanco. Bei Kilometer 8,5 biegt die kleine Teerstraße Cami de Sa Torre nach links von der Landstraße ab. Der weitere Weg ist ausgeschildert.

Kurzbeschreibung: Dieses Landgut aus dem 18. Jahrhundert, typisch für den Inselsüden, wurde restauriert und in eine nette Ferienfinca umgewandelt. Die gemütlich und komfortabel eingerichteten Zimmer und Suiten sind geräumig. Speisezimmer, Bar, mehrere Salons mit Kamin und der Pool versprechen einen angenehmen Aufenthalt. Auch Sportsfreunde kommen auf ihre Kosten: Der Golfplatz von Son Antem ist gleich um die Ecke, man kann Fahrräder ausleihen, es besteht die Möglichkeit zum Reiten.

Fazit: **In diesem schicken Landhotel kann man es sich einmal richtig gut gehen lassen. Der freundliche und umfassende Service bietet dafür den geeigneten Rahmen. Das Ambiente ist familiär entspannt.**

20 Es Rafal Roig

1 DZ/ 3 App/ 1 Haus • DZ/F 87 € • App (3 P) 84 € • Haus (3 P) 105 €
Flughafen: 45 km

C2
Carretera Manacor-Colonia Sant Pere km 8,2, 07500 Manacor

Tel. 9 71 56 90 43
Fax 9 71 83 86 28

Anreise: Man nimmt die Autobahn Richtung Llucmajor und gleich die erste Ausfahrt zur Hauptstraße nach Manacor. Dort geht von der Umgehungsstraße nach links die Landstraße nach Colonia de Sant Pere ab. Achtung: Man muss auf die Nebenfahrbahn, um über die Hauptstraße nach links abzubiegen (genau in der Höhe des Postens der Guardia Civil). Man folgt der Straße bis Kilometer 8,2.

Das Landhaus wurde im 12. Jahrhundert erbaut.

Kurzbeschreibung: Die ältesten Teile dieses typischen Bauernhofes gehen auf das 12. Jahrhundert zurück. Die in eine gemütliche Ferienfinca umgebaute Anlage ist von Feigen- und Mandelbäumen umgeben. Architektonische Charakteristika wurden größtenteils beibehalten. Die Appartements und die Zimmer sind geräumig. Das kleine Steinhaus bietet sich für Familien mit Kindern an. Es gibt gemütliche Sitzecken und einen Pool.

Fazit: **Die jungen Besitzer verstehen es, eine familiäre Atmosphäre zu schaffen. Auch mit Kindern fühlt man sich auf Es Rafal Roig wohl. Die Finca liegt auf halbem Weg zwischen der Perlenstadt Manacor und der Bucht von Alcúdia, die zahlreiche Möglichkeiten für Sport- und Kulturbegeisterte bietet.**

Tipp

Sport und Abenteuer

Es versteht sich von selbst, dass Mallorca während des Sommerhalbjahrs ein Eldorado für alle Wassersportarten ist. Doch auch während des restlichen Jahres brauchen Sportler und Aktivurlauber keineswegs auf ihre Hobbys zu verzichten. Rad fahren, Wandern bis zu Extrembergsteigen, Drachen-, Gleitschirm- oder Heißluftballonfliegen, Reiten, Tennis und besonders Golf bilden das breite Spektrum. Eine gute Adresse für Abenteuersport: Mallorca Activa, Portals Nous, Tel. 9 71 78 31 59.

Bei schlechterem Wetter finden sich auf Es Rafal Roig gemütliche Sitzecken.

21 Ets Albellons

9 DZ/3 S • DZ/F 143–205 € • S/F 200–223 € • Flughafen: 46 km

B2
Binibona
07314 Caimari

Tel. 9 71 87 50 69
Fax 9 71 87 51 43
E-Mail: finca@albellons.com
www.albellons.com

Anreise: Die Autobahn Richtung Palma wird schon an der ersten Ausfahrt zur Autobahn nach Inca verlassen. Auf der Ortsumgehung Inca folgt man den Hinweisschildern zum Kloster Lluc. Nach Selva zweigt in Caimari, dem nächsten Dorf, eine kleine Teerstraße zum Weiler Binibona ab.

Kurzbeschreibung: Dieser alte Bergbauernhof, der über dem Weiler Binibona in den Ausläufern des Tramuntana-Gebirges thront, wurde in ein schickes Landhotel umgebaut. Die Doppelzimmer und Suiten sind rustikal, aber mit allem Komfort ausgestattet. Die Gäste treffen sich an der gemütlichen Bar, es werden mallorquinische Spezialitäten serviert. Spektakulär die Aussicht vom Pool auf die Berge.

Fazit: Ets Albellons ist ein sympathischer Familienbetrieb. Die Besitzerfamilie kümmert sich rührend um ihre Gäste: Man bekommt Tipps für attraktive Bergrouten oder auch Führungen.

22 Honor

B2
Landstraße Bunyola-Orient
07349 Bunyola

Tel. 9 71 61 52 93
Mobil 6 06 95 99 67
E-Mail: honorvell@terra.es

Anreise: Man nimmt die Autobahn nach Palma und dann die Ringautobahn Via de Cintura bis zur Ausfahrt Sóller. Kurz vor den Bergen zweigt von der Landstraße aus nach rechts die Straße nach Bunyola ab. In der Ortsmitte führt die kleine Serpentinenstraße nach Orient, der man bis Kilometer 4,6 folgt.

Kurzbeschreibung: Der stattliche Bauernhof, dessen Ursprünge auf das 14. Jahrhundert zurückgehen, liegt im einsamen Hochtal von Orient mitten in einer riesigen Olivenplantage. Die geräumigen Zimmer und Suiten im rustikalen Stil sind mit modernem Komfort ausgestattet, das Appartement bietet Platz bis zu vier Personen. Speisezimmer, Bar, ein Pool, Fahrräder und Reitpferde stehen zur Verfügung.

Fazit: Das kleine Hotel ist ideal für Wanderer und Naturfreunde. Ausflüge in das für seine hervorragende Luft bekannte Tal sind besonders im Frühjahr zur Obstblüte attraktiv. Auch wer Ruhe sucht, ist hier richtig.

3 DZ/4 JS/1 App • DZ/F 108 € • JS/F 132 € • App 150–168 €
Flughafen: 30 km

23 La Reserva Rotana

D3
Cami de S'Avall
07500 Manacor

Tel. 9 71 84 56 85
Fax 9 71 55 52 58
E-Mail: info@reservarotana.com
www.reservarotana.com

Anreise: Die Autobahn nach Llucmajor wird gleich an der zweiten Ausfahrt Richtung Manacor verlassen. In Manacor zweigt hinter der Tankstelle an der Umgehungsstraße nach links die Zufahrt zur Luxusfinca La Reserva Rotana ab.

Kurzbeschreibung: Dieser imposante Gutshof aus dem 17. Jahrhundert wurde mit viel Aufwand, Liebe zum historischen Detail und noch mehr Inspiration in eines der schönsten und exklusivsten Landhotels der Insel verwandelt. Die individuell gestalteten Suiten haben allen Komfort, die Antiquitäten, Kunstwerke und Sammlerstücke aus aller Welt sind echt. Highlights: Restaurant der Spitzenklasse, eine spektakuläre Afrika-Bar und ein unterirdischer Pool. An Sportarten geboten sind Tennis, Reiten und Golf auf dem hauseigenen 9-Loch-Platz, der den Gästen exklusiv zur Verfügung steht.

Fazit: La Reserva Rotana ist eine gelungene Kombination aus ländlicher Tradition, modernem Komfort und exklusivem Luxus. Die Edelfinca ist eines der wenigen Fünf-Sterne-Häuser der Insel.

10 DZ/ 11 S • DZ/F 260–320 € • S/F 380–440 € • Flughafen: 50 km

24 La Verana

4 DZ /2 S • DZ/F 120 € • S/F 144 € • Flughafen: 32 km

C4
Carretera Militar Cabo Blanco, km 32, 07620 Llucmajor

Tel. 9 71 18 10 07
Fax 9 71 18 10 07

Anreise: Die Anfahrt erfolgt über die Autobahn und die Landstraße nach Llucmajor. Dort zweigt von der Ortsumgehungsstraße die Landstraße nach S'Estanyol ab. Man folgt dieser bis zur Kreuzung mit der alten Militärstraße, in die man nach links Richtung Ses Salines einbiegt und bis Kilometer 38 folgt.

Kurzbeschreibung: La Verana ist eine komfortable Ferienfinca mit familiärem Charakter. Das Bauernhaus liegt in einem schönen Garten, ein restauriertes Steinhaus aus der Talayot-Zeit erinnert an die Ureinwohner der Insel. Die Gäste treffen sich im gemütlichen Speisezimmer oder dem Salon mit Barservice. Eine weitere Bar und ein Barbecue befinden sich auf einer Terrasse am Pool. Die Finca liegt an der Südküste, nur acht Kilometer vom Traumstrand Es Trenc entfernt.

Fazit: Ein Ort der Ruhe: Das Hotel eignet sich sehr gut zum Entspannen und Ausruhen. Mit dem Fahrrad erreicht man in 15 Minuten den Naturstrand Es Trenc.

25 MOFARES

9 DZ • DZ/F 135 € • Flughafen: 27 km

A3
Carretera Calviá-Es Capdellá
07184 Calviá

Tel. 9 71 67 02 42
Fax 9 71 67 00 71

Anreise: Man nimmt die Flughafenautobahn Richtung Palma, dann die Ringautobahn Via de Cintura, die in die Autobahn nach Palmanova einmündet. Man folgt ihr bis zur Ausfahrt nach Calviá. Man durchquert den Ort Richtung Es Capdellá. Nach einem Kilometer folgt man der Anfahrt zur Finca nach rechts.

Kurzbeschreibung: Dieser stattliche Gutshof, dessen Ursprünge auf die maurische Zeit zurückgehen, wurde in jahrelanger Kleinarbeit in ein schmuckes Landhotel mit familiärer Atmosphäre verwandelt. Die neun Zimmer, romantisch verspielt und komfortabel ausgestattet, sind eher zwanglos auf dem großen Anwesen verteilt. Speisezimmer, Sitzecken am Kamin, schattige Plätzchen auf den zahlreichen Terrassen oder der Pool laden zum Verweilen ein.

Fazit: Die Besitzer haben es verstanden, die bäuerliche Tradition mit modernem Komfort zu verbinden. Ein Teil des großen Anwesens ist ein Agrarmuseum geworden, die riesige Ölpresse vermittelt einen Eindruck von der früheren Bedeutung der Finca.

26 MONNÁBER VELL

C2
Monnáber Vell s/n
07310 Campanet

Tel. 9 71 51 61 31
Fax 9 71 89 70 38
E-Mail: monvell@fehm.es
www.mallorcaonline.com/agro/monvell

Anreise: Die Autobahn Richtung Palma wird schon an der ersten Ausfahrt Richtung Autobahn nach Inca verlassen. Von Inca aus folgt man der Straße nach Puerto de Alcúdia bis zur Abfahrt zu den Tropfsteinhöhlen von Campanet. Der Weg zur Finca ist ausgeschildert.

Kurzbeschreibung: Dieser Bergbauernhof mit Ursprüngen aus der maurischen Zeit liegt auf einer Anhöhe, die einen grandiosen Ausblick auf die Ausläufer des Tramuntana-Gebirges bietet. Die großzügig bemessenen Zimmer sind mit modernem Komfort ausgestattet. Das Restaurant bietet auf Wunsch mallorquinische Spezialitäten. Ein Wachturm, die alte Ölmühle und der typische Innenhof mit Zisterne erinnern an vergangene Zeiten.

Fazit: Die Ruhe auf Monnáber Vell ist geradezu sprichwörtlich, die Natur liegt vor der Haustür. Die Besitzer, ein deutsch-mallorquinisches Ehepaar, verwöhnen ihre Gäste mit diskretem Luxus. Das kleine Hotel ist ein passender Standort für Wanderungen in die nahen Berge.

4 DZ/5 S • DZ/F 96–138 € • S/F 118–225 € • Flughafen: 50 km

27 Muleta de Ca s'Hereu

B2
Camp de sa Mar s/n
Port de Sóller

Tel. 9 71 18 60 18
Fax 9 71 18 60 19
E-Mail: Francisca@muletadecas-hereu.com
www.muletadecashereu

Anreise: Über die Autobahn Richtung Palma und die Ringautobahn Via de Cintura kommt man zur Landstraße nach Sóller. Sie führt zum mautpflichtigen Autotunnel durch das Tramuntana-Gebirge. Wer Zeit hat und Geld sparen will, nimmt die alte Serpentinenstraße. Kurz vor Puerto de Sóller biegt nach links eine kleine Straße, ausgeschildert, zum Hotel ab.

Kurzbeschreibung: Dieser wuchtige Berghof aus Naturstein thront auf einem Hügel oberhalb des Hafens Puerto de Sóller. Seit dem 17. Jahrhundert diente die Finca vor allem der Erzeugung des ausgezeichneten Olivenöls der umliegenden, jahrhundertealten Terrassen-Plantagen. Die Zimmer und Suiten sind rustikal gestaltet und mit modernem Komfort ausgestattet. Spektakulär die Ausblicke auf das Meer, den Hafen und die hohen Berge des Sóllertals.

Fazit: Rustikale Eleganz gepaart mit einem aufmerksamen Service machen das kleine Hotel zu etwas Besonderem. Auf Wunsch wird hier abends mallorquinisch gekocht.

4 DZ/2 JS/2 S • DZ/F 138 € • JS/F 168 € • S/F 180 € • HP 18 €
Flughafen: 40 km

28 Na Set Centes

3 DZ/1 S • DZ/F 97 € • S/F 152 € • Flughafen: 70 km

D2
Landstraße Artà-Canyamel 2,
7, Artà

Tel. 9 71 83 54 29
Fax 9 71 82 91 83
E-Mail: finca@nasetcentes.com
www.nasetcentes.com

Anreise: Die Autobahn Richtung Llucmajor wird an der ersten Ausfahrt Richtung Landstraße nach Manacor verlassen, der man weiter nach Artá folgt. Dort biegt man nach rechts in die kleine Küstenstraße nach Canyamel ein und folgt ihr bis Kilometer 2,7.

Kurzbeschreibung: Dieses stattliche Landhaus, mehr als 200 Jahre alt, wurde liebevoll restauriert, ohne den ländlichen Charakter der Gebäude zu zerstören. Das Minihotel ist von vielen Mandel-, Feigen- und Johannisbrotbäumen umgeben. Obst und Gemüse kommen meist aus dem eigenen Garten. Die Zimmer sind gemütlich. Ein Pool und Leihfahrräder stehen zur Verfügung.

Fazit: Na Set Centes ist ein ruhiges Plätzchen zum Ausspannen. Die vier Golfplätze und einige der attraktivsten Strände der Insel sind nur einen Katzensprung entfernt. Auch Ausflüge in die nahen Handwerkerstädtchen Artá und Capdepera lohnen sich.

29 Petit Hotel Cases de Pula

1 DZ, 1 JS, 5 S, 3 S • DZ/F 241€ • S/F 257–312 €
Flughafen: 75 km

D2
Pula Golf
07550 Son Servera

Tel. 9 71 56 74 92
Fax 9 71 56 72 71
E-Mail:
petithotel@casesdepula.com
www.casesdepula.com

Wohnen – hautnah am Abschlag!

Anreise: Die Autobahn Richtung Llucmajor wird an der ersten Ausfahrt Richtung Manacor verlassen. Die Verbindungsstraße führt zur Hauptstraße nach Manacor, der man weiter bis Sant Llorenc des Cardassar folgt. Vor dem Ortseingang zweigt die Straße rechts nach Son Servera ab.

Kurzbeschreibung: Das ländliche Herrenhaus, dessen Ursprünge auf das 15. Jahrhundert zurückgehen, ist unter Golf-Fans ein Geheimtipp. Das exklusive, mit allem Komfort ausgestattete Landhotel liegt auf dem landschaftlich herrlich gelegenen Golfplatz von Pula, einem der attraktivsten 18-Loch-Plätze der Insel. Die Zimmer und Suiten sind großzügig und geschmackvoll gestaltet. Den wenigen Gästen stehen ein privater Speiseraum, Bar, Pool und eine Kapelle zur Verfügung

Fazit: **Das kleine Hotel bietet Luxus vom Feinsten: Man kann es sich hier richtig gut gehen lassen, selbst wenn man kein Anhänger des Golfsports ist. Das hauseigene Restaurant S'Era de Pula ist weithin wegen seiner außergewöhnlichen Küche bekannt.**

Tipp

Mallorquinischer Wein

Der mallorquinische Wein erlebt eine wahrhafte Renaissance. Nach Jahrzehnten des Niedergangs, provoziert vor allem durch die Reblausplage vor mehr als 100 Jahren, reifen in Mallorcas Kellereien, den Bodegas, wieder ausgezeichnete »caldos«: meist vollfruchtige, kräftige Rotweine, aber auch sehr geschätzte Weißweine wie der berühmte Muscat der Bodega Miguel Oliver aus Petra.

Geschmackvoll eingerichtete Zimmer – nicht nur für Golfer.

30 Posada Des Moli

B3
Camino Son Fangos, Es Pil.lari, Llucmajor, Postadresse:
Mar Aral 6, 07610 Playa de Palma

Tel. 9 71 26 05 93
Fax 9 71 26 93 68

Anreise: Die Anfahrt vom Flughafen ist sehr kurz: Es sind nur acht Kilometer. Man nimmt die Autobahn Richtung Llucmajor und verlässt sie schon bei der ersten Ausfahrt nach Es Pil.lari. In diesem Weiler fragt man am besten nach dem Hotel oder dem Camino Son Fangos.

Kurzbeschreibung: Der imposante Landsitz aus dem Jahr 1897 wurde mit viel Liebe und Aufwand restauriert und in ein komfortables Landhotel umgewandelt. Auch die Windmühlen, Mallorcas Wahrzeichen, sind auf der Posada sehr malerisch. Die Zimmer und Suiten sind im rustikalen Stil ausgestattet. Das Hotel bietet seinen Gästen ein Restaurant mit guter mallorquinischer Küche. Außerdem gibt es eine Bar, ein Musikzimmer, Außen- und Innenpool, Fahrräder, Tennisplätze und ein Puttinggreen für Golfer.

Fazit: Trotz der Nähe zu quirligen Urlauberzentren wie Playa de Palma und S'Arenal ist dieses gut ausgestattete Landhotel ein ruhiges Refugium.

11 DZ/3 EZ/3 JS/2 S • DZ/F 156 € • S/F 184–214 €
Flughafen: 8 km

31 Possesio Binicomprat 

DZ/F 99 € • S/F 120 € • App/F (2 P) 130 € • App/F (4 P) 205 €
Flughafen: 18 km

C3
Finca de Binicomprat
07210 Algaida

Tel./Fax 9 71 12 50 28
E-Mail: j.garau@correo.cop.es
www.todoesp.es/possessio-binicomprat

Anreise: Die Autobahn Richtung Llucmajor wird an der ersten Ausfahrt verlassen. Die Verbindungsstraße führt zur Hauptstraße nach Manacor, der man bis nach Algaida folgt. Von der Landstraße biegt man hinter dem Restaurant Quatre Vents nach rechts ab. Eine Schotterstraße, gleich links, führt zur Finca.

Kurzbeschreibung: Das mittelalterliche Weingut wurde von seinen Besitzern, der Winzerfamilie Oliver von Can Ribas, in ein gemütliches Landhotel umgewandelt. Die Zimmer und Appartements sind geräumig, komfortabel und im rustikalen Stil ausgestattet. Es gibt einen Konferenzraum. Im Haupthaus findet man romantische Kaminecken und eine Wein-Bodega im Keller. Der Pool und eine Bar liegen im schattigen Garten. Auf Wunsch zaubert die Hausherrin mallorquinische Spezialitäten auf die rustikalen Holztische. Der Wein dazu stammt – wie sollte es anders sein – aus eigenem Anbau.

Fazit: Die Besitzer und ihr Personal kümmern sich intensiv um ihre Gäste, die Finca strahlt eine familiäre Atmosphäre aus.

32 S'ARDEVIU

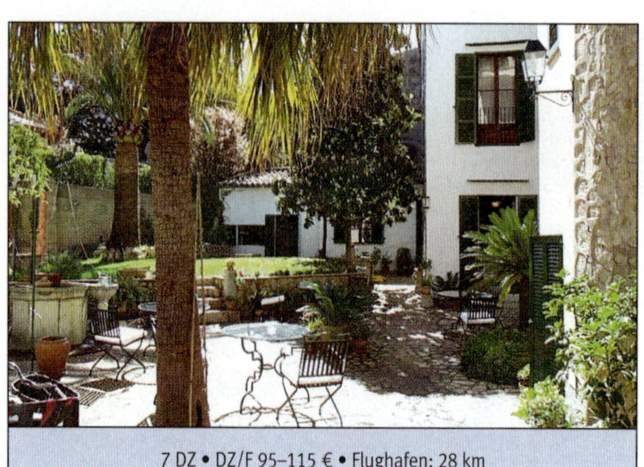

7 DZ • DZ/F 95–115 € • Flughafen: 28 km

B2
Calle Vives 14
07100 Sóller

Tel. 9 71 63 83 26
Fax 9 71 63 83 15
E-Mail: sardeviu@gmx.net
www.sollernet.com/sardeviu

Anreise: Über die Autobahn Richtung Palma und die Ringautobahn Via de Cintura kommt man zur Landstraße nach Sóller. Sie führt zum mautpflichtigen Autotunnel durch das Tramuntana-Gebirge. Wer Zeit hat und Geld sparen will, nimmt die alte Serpentinenstraße.

Kurzbeschreibung: Dieses alte Patrizierhaus aus dem 18. Jahrhundert liegt im Zentrum des malerischen Städtchens Sóller, gleich neben der Haltestelle der historischen Trambahn zwischen der Plaza Mayor und dem Markt. Die komfortablen Zimmer liegen auf mehreren Etagen und sind mit

Reizvoller Kontrast in den Zimmern: dunkles Holz und weiße Spitzen.

klassischen Stilmöbeln, viele aus dunklem Olivenholz, eingerichtet. Im romantischen, schattigen Innenhof kann man sich den frisch gepressten Orangensaft von den Zitrushainen schmecken lassen.

Fazit: Das S'Ardeviu ist ein nettes Familienhotel, das einem erlaubt, am Stadtleben von Sóller gleichsam wie auf einem Logenplatz teilzunehmen. Man braucht keinen Wecker, um das reichhaltige Frühstücksbüfett zu genießen: Das besorgt schon die historische Trambahn!

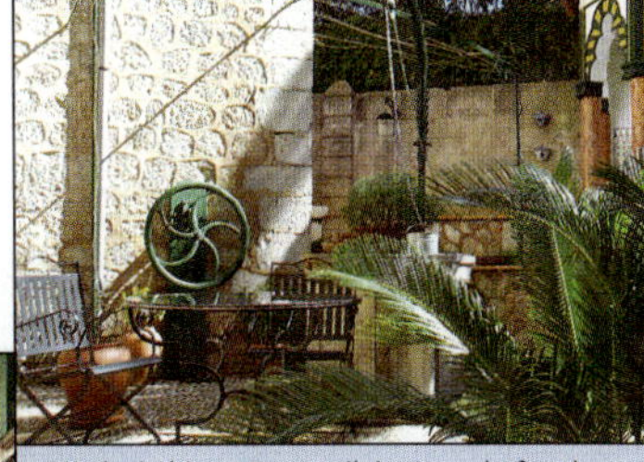

S'Ardeviu bietet Romantik im Innenhof und städtisches Leben, sobald man die Finca verlässt.

Tipp

Palma, die Perle des Mittelmeers

Die Inselhauptstadt ist sicher eine der schönsten Städte am Mittelmeer. Ein Besuch der Kathedrale La Seu, des Königspalastes Almudaina und ein Spaziergang durch die verwinkelte Altstadt mit ihren mittelalterlichen Innenhöfen, »patios«, ist wie ein Ausflug in eine längst vergangene Epoche. Außerdem gibt es an jeder Ecke Kultur, interessante Geschäfte, gute Restaurants und stilvolle Cafés.

33 S'OLIVARET

22 DZ, 3 S • DZ/F 160 € • S/F 180–206 € • Flughafen: 35 km

B2
Carretera Alaró-Orient
07340 Alaró

Tel. 9 71 51 08 89
Fax 9 71 51 07 19
E-Mail: olivaret@arrakis.es
www.todoesp.es/solivaret

Anreise: Die Autobahn Richtung Palma wird schon an der ersten Ausfahrt zur Autobahn nach Inca verlassen, der man bis zur Ausfahrt Alaró folgt. Kurz vor dem Dorf biegt die Straße nach Orient ab.

Kurzbeschreibung: Dieses beeindruckende Gutshaus am Fuß des Burgbergs von Alaró wurde mit viel Aufwand und Liebe zum historischen Detail in ein exquisites Landhotel umgewandelt. Die Zimmer und Suiten sind geräumig, komfortabel und mit vielen Möbeln aus dem Besitz der Grafen von Montaner eingerichtet. S'Olivaret gehört seit 1578 dieser Familie und wird von den Nachfahren der Grafen bewirtschaftet. Das hauseigene Restaurant, Innen- und Außenpool, Fitnessraum mit Sauna, Paddle, Tennis und ein Puttinggreen stehen zur Verfügung.

Fazit: Das S'Olivaret ist eine gelungene Symbiose aus Tradition, modernem Komfort und ausgezeichnetem Service. Wer das Hotel verlassen will, kann von dort aus herrliche Wanderungen in die Berge und ausgedehnte Fahrradtouren unternehmen.

34 Sa Carrotja

C4
Camino de Sa Carrotja 7
07640 Ses Salines

Tel. 9 71 64 90 53
Fax 9 71 64 91 62
E-Mail: finca@sacarrotja.com
www.sacarrotja.com

Anreise: Man nimmt die Flughafenautobahn nach Llucmajor und folgt dann der Landstraße über Campos nach Ses Salines an der Südostspitze Mallorcas. Vom Kreisel am Ortseingang aus ist der Weg zur Finca ausgeschildert, ca. 500 Meter.

Kurzbeschreibung: Dieser alte Bauernhof mit Ursprüngen aus dem 17. Jahrhundert wurde mit viel Liebe in eine gemütliche Ferienfinca umgewandelt. Die Zimmer sind bequem und mit dem notwendigen Komfort ausgestattet. Viele Möbel stammen aus dem Familienbesitz. Fröhliche Mittelmeerfarben, wie im Speisezimmer, bilden einen guten Kontrast zum dunklen Olivenholz. Stoffe und Keramik stammen von der Insel. Das Frühstück schmeckt am besten unter der schattigen Pergola im Garten. Der Pool wird bei Bedarf solarbeheizt.

Fazit: **Die Besitzer haben ein gemütliches Plätzchen für ruhesuchende Gäste geschaffen. Das familiäre Ambiente wird als angenehm empfunden. Eine große Attraktion sind die mallorquinischen Schmankerl, die auf Wunsch von der Chefin serviert werden.**

6 DZ • DZ/F 82–133 € • Flughafen: 45 km

35 Sa Galera

C4
Carretera Santayi-Cas Concos
km 6,3, 07208 Cas Concos

Tel. 9 71 84 20 79
Fax 9 71 18 37 47
E-Mail:
sagalera@infonegocio.com
www.hotelsagalera.com

Anreise: Man nimmt die Flughafenautobahn nach Llucmajor, die Landstraße weiter bis Campos und dann nach Santanyi. Am Ortseingang folgt man der kleinen Straße nach Cas Concos bis Kilometer 6,3.

Kurzbeschreibung: Im Mittelalter war die stattliche Sa Galera das Quartier der königlichen Kavallerie. Heute beherbergen die alten Mauern aus dem 13. Jahrhundert Erholung suchende Zeitgenossen. Die 16 Zimmer sind individuell gestaltet und haben die mallorquinischen Namen der Winde. Sie sind mit Antiquitäten, aber auch mit modernem Komfort ausgestattet. Die weitläufigen Gebäude bieten zahlreiche Sitzecken – und auch einen Konferenzsaal. Pool und Sauna sind vorhanden, ebenso wie das hauseigene Restaurant S'Espigo.

Fazit: Das Haus eignet sich für ruhige Landferien, aber auch für kleinere Seminare oder Konferenzen. Besonders schön ist die Gegend zur Zeit der Mandelblüte Ende Januar, die Finca ist dann von Tausenden der weiß-rosa blühenden Bäume umgeben.

16 DZ/ 1 S • DZ/F 150–212 € • Flughafen: 45 km

36 Sa Posada d'Aumalia

14 DZ • DZ/F 130–165 € • Flughafen: 60 km

D3
Camino Son Prohens 1027
07200 Felanitx

Tel. 9 71 58 26 57
Fax 9 71 58 32 69

Anreise: Man nimmt die Autobahn nach Llucmajor und folgt dann der Landstraße über Campos nach Felanitx. Der Ort wird Richtung Manacor durchquert. Nach ca. zwei Kilometern biegt der Camino Son Prohens nach rechts ab, dem man ca. drei Kilometer folgt.

Kurzbeschreibung: Aus dem Sommerhaus einer Palmesaner Familie entstand dieses sympathische Landhotel. Die geräumigen, komfortablen Zimmer sind im elegant-ländlichen Stil ausgestattet. Die Eingangshalle wird von einem schwarzen Konzertflügel beherrscht. Das rustikale Speisezimmer und das Lesezimmer mit Marmorkamin sind im Haupthaus. Schattige Terrassen und der Pool im üppig bewachsenen Garten garantieren Erholung. Die besondere Note erhält das Haus durch die Musik. Klavierkonzerte zum Abendessen mit bodenständiger mallorquinischer Küche.

Fazit: Sa Posada ist ein idealer Ort für geruhsame Ferien: familiäres Ambiente in klassisch-vornehmem Rahmen. Das Hotel dient auch als Ausgangspunkt für Wanderungen und Fahrradtouren.

37 Sa Torre

5 App • App (2 P) 114 €, F 10 € • Flughafen: 25 km

B3
Predio Sa Torre – Alqueries,
07601 Santa Eugénia

Tel. 9 71 14 40 11
Fax 9 71 62 10 11
www.todoesp.es/sa-torre

Anreise: Autobahn Richtung Palma an der ersten Ausfahrt zur Autobahn nach Inca verlassen und dieser bis Ausfahrt Santa Maria folgen. Man nimmt die Landstraße nach Sencelles und biegt bei Alqueries nach rechts ab.

Kurzbeschreibung: Dieser imposante Winzerhof aus maurischer Zeit wird noch aktiv bewirtschaftet. Die geräumigen, rustikal ausgestatteten Appartements befinden sich in Nebengebäuden und im Obergeschoss des Herrenhauses. Die Besitzer sind Pioniere in der mallorquinischen Variante des »Urlaubs auf dem Bauernhof«. Die wenigen Gäste treffen sich in urigen Kaminecken oder an den beiden Pools im Zitrusgarten. Die neueste Attraktion Sa Torres ist das urige Restaurant im Gewölbe des alten Weinkellers.

Fazit: Die Besitzer haben Tradition und Fortschritt in Einklang gebracht. Viele Stammgäste lieben das familiäre Ambiente und danken die mallorquinische Gastfreundschaft mit jahrelanger Treue.

38 Sant Blai

C4
Carretera Campos-Colònia
Sant Jordi km 2

Tel./Fax 9 71 65 05 67
www.santblai.com

Anreise: Die Anfahrt erfolgt über die Autobahn und Landstraße nach Llucmajor und dann weiter nach Campos. Am Ortsausgang Richtung Santanyi nimmt man die Landstraße zum Küstenort Colònia Sant Jordi und folgt ihr bis Kilometer 2. Die Finca liegt links der Straße.

Kurzbeschreibung: Auf diesem alten Bauernhof sind die komfortablen Zimmer im rustikalen Insel-Stil eingerichtet. Zum Frühstück gibt es ein reichhaltiges Büfett aus Naturprodukten. Außerdem steht den Gästen eine Bar zur Verfügung. Es gibt Barbecue und Pool, Kinder können auf einem Pony reiten oder im Eselskarren fahren. Der Strand von Es Trenc ist acht Kilometer entfernt. Selbst nachts ist auf der Finca etwas geboten: Der Besitzer betreibt eine kleine Sternwarte. Auf Wunsch gibt es einheimische Spezialitäten zum Abendessen.

Fazit: Das Sant Blai eignet sich für einen ruhigen Familienurlaub. Auch Kinder sind auf dem Hof gerne gesehen. Der Bauernhof ist ein Erlebnis – besonders für naturentwöhnte Großstadtkinder.

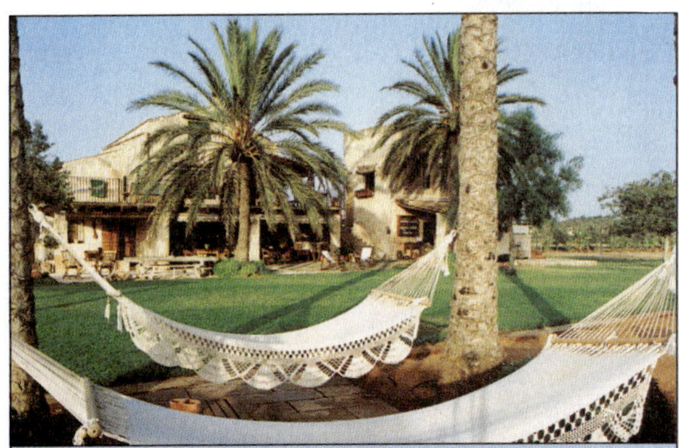

2 DZ/ 1 JS/ 1 App • DZ/F 78–90 € • JS/F 96–120 € • App (2 P) 84–96 €
Flughafen: 32 km

39 Sant Salvador

D2
Carrer Castellet 7
07570 Artà

Tel. 9 71 82 95 55
Fax 9 71 82 95 98
E-Mail: info@santsalvador.com
www.santsalvador.com

Anreise: Die Autobahn Richtung Llucmajor wird an der ersten Ausfahrt verlassen. Die Verbindungsstraße führt zur Hauptstraße nach Manacor, der man weiter nach Artà folgt. Das Sant Salvador liegt im Zentrum der mittelalterlichen Altstadt.

Kurzbeschreibung: In einem der traditionsreichsten Stadtpaläste Artàs wurde eines der spektakulärsten Stadthotels der Insel nebst Feinschmeckerlokal geschaffen. Die individuell gestalteten Suiten spiegeln den guten Geschmack der Besitzer wider. Klassische Elemente wurden hier gekonnt mit modernen vereint und alles mit höchstem Komfort versehen. Der Pool im lauschigen Garten lässt die Gäste entspannen.

Fazit: Das Sant Salvador ist ein würdiger Rahmen für individuellen Urlaub vom Feinsten. Wer es trotzdem schafft, das Hotel zu verlassen, hat das malerische Städtchen Artà zu Füßen, vier Golfplätze und zahlreiche attraktive Strände in bequemer Reichweite.

1 DZ/6 JS/1 S • DZ/F 180–200 € • S/F 200–215 € • Flughafen: 71 km

40 Ses Rotetes

2 DZ/ 2 App. • DZ/F 82 € • App (2 P) 84 € • App (4 P) 150 € • App (6 P) 225 € • App (8 P) 295 € • App (10 P) 350 € • Flughafen: 62 km

D3

Carretera Porto Cristo-Portocolom
km 13,9, 07500 Manacor

Tel./Fax 9 71 18 32 56
E-Mail: sesrotetes@hotmail.com
www.sesrotetes.com

Anreise: Die Autobahn Richtung Llucmajor wird an der ersten Ausfahrt Richtung Manacor verlassen. Die Verbindungsstraße führt zur Hauptstraße nach Manacor. Dort biegt von der Hauptstraße die Landstraße nach Porto Cristo ab. Von dort folgt man ca. drei Kilometer der Küstenstraße nach Portocolom.

Kurzbeschreibung: Dieses schmucke Landhaus liegt ländlich ruhig, aber nur einen Kilometer vom Meer und einigen schönen Badebuchten entfernt. Die rustikal eingerichteten, gut ausgestatteten Appartements bieten sich für Selbstversorger, auch für Familien, an. Das Haus ist von einem üppigen Garten umgeben, in dem auch der Pool liegt. Auf Wunsch gibt es Frühstück und auch Abendessen.

Fazit: **Die Ferienfinca ist für einen individuellen Badeurlaub mit der gesamten Familie geeignet. Die nahen Strände können mühelos mit dem Fahrrad erreicht werden. Die Städte Manacor und Felanitx sind ebenso in der Nähe wie die Küstenorte Porto Cristo und Portocolom.**

41 Son Amoixa Vell

10 DZ/ 2 JS/ 2 S/ 1 App • DZ/F 156–195 € • JS/F 195–240 € • S/F 290–300 €
App 240 € • Flughafen: 50 km

D3
Carretera Manacor-Calas de Mallorca km 5,4, 07500 Manacor

Tel. 9 71 18 39 73
Fax 6 70 88 15 34
E-Mail: Hotel@sonamoixa.com
www.sonamoixa.com

Anreise: Die Autobahn Richtung Llucmajor wird an der ersten Ausfahrt Richtung Manacor verlassen. Die Verbindungsstraße führt zur Hauptstraße nach Manacor, man folgt ihr bis in die Perlenstadt. Von der Umgehungsstraße biegt nach rechts die Straße nach Calas de Mallorca ab, der man bis Kilometer 5,4 folgt.

Kurzbeschreibung: Das mächtige Landgut aus dem 16. Jahrhundert wurde von Grund auf renoviert und in ein komfortables Landhotel umgebaut. Die geräumigen Zimmer und

Suiten sind im rustikalen Stil ausgestattet und bieten alle modernen Annehmlichkeiten. Die im hauseigenen Restaurant zugelegten Kalorien können mit Sauna, Massagen und einem breiten Wellnessprogramm wieder reduziert werden. Solarbeheizter Pool, Tennis und Fahrräder stehen zur Verfügung.

Fazit: Das von deutschen Besitzern geführte Haus ist eine Oase der Ruhe. Das breite Service-Angebot, inklusive einem Aroma Spa&Beauty Center, ist für alle geeignet, die sich in kurzer Zeit entspannen möchten.

Rustikal eingerichtete Zimmer, moderner Komfort und eine reizvolle Umgebung: das ist Son Amoixa Vell.

42 SON BERNADINET

C3
Carretera Campos-Porreres
07630 Campos

Tel. 9 71 18 16 50
Fax 9 71 18 60 43
E-Mail:
sonbernadinet@teleline.es
www.todoesp.es/son-bernadinet

Anreise: Vom Flughafen nimmt man die Autobahn nach Llucmajor. Von dort folgt man der Landstraße nach Campos. Die Finca liegt an der Landstraße von Campos nach Porreres bei Kilometer 5,9.

Kurzbeschreibung: Dieser alte Bauernhof wurde einer aufwendigen Renovierung unterzogen. Das Grundgerüst blieb erhalten und wurde geschickt mit modernem Komfort kombiniert. Die Zimmer und Suiten sind großzügig bemessen, warme, erdige Töne überwiegen bei der Ausstattung. Im Haupthaus befinden sich drei Salons, ein Speiseraum mit offenem Kamin und ein Konferenzraum. Pool und Barbecue befinden sich im Garten. Dort werden Obst und Gemüse biologisch angebaut und für die Gäste zum Essen angeboten.

Fazit: Die Finca ist ein gutes Beispiel für die Kombination von alter Bausubstanz und neuer, frischer Ästhetik. Weiche Farben, klare Linien und ein gekonntes Spiel mit natürlichem Licht machen sie zu einem optischen Erlebnis.

6 DZ/4 JS/1 S • DZ/F 165–190 € • S/F 220–245 € • Flughafen: 30 km

43 Son Brondo

3 DZ/ 3 S • DZ/F 150–162 € • S/F 162–174 € • Flughafen: 22 km

B2
Carretera Palma-Valldemossa
07170 Valldemossa

Tel./Fax 9 71 61 22 58
oder 9 71 61 61 90
www.mallorcanet.com/sonbrondo

Anreise: Über die Flughafenautobahn Richtung Palma und die Ringautobahn Via Cintura gelangt man zur Landstraße nach Valldemossa. Dieser folgt man bis Kilometer 15,2. Die stattliche Finca liegt links von der Straße und ist von dort aus bereits zu sehen.

Kurzbeschreibung: Son Brondo, ein majestätisches Herrenhaus aus der Zeit der Araber, beherrscht das grüne Tal unterhalb des Bergdorfes Valldemossa. Die üppige Vegetation um die Finca erzeugt auch in heißen Sommern ein angenehmes Klima. Die Suiten und Zimmer sind großzügig und komfortabel ausgestattet. Antiquitäten aus Familienbesitz, auch im Speisesaal und der Hauskapelle, heben die historische Bedeutung der Finca hervor.

Fazit: In dieser Finca kann man ruhige Ferien »auf dem Land« verbringen. Die wenigen Unterkünfte verlieren sich in dem 2000 Quadratmeter großen Anwesen. Die Besitzer kümmern sich rührend um ihre Gäste, das reichhaltige Frühstücksbüfett ist ein Genuss. Wanderungen durch die spektakuläre Landschaft bieten sich an.

44 Son Esteve

7 DZ • DZ/F 110–130 € • Flughafen: 34 km

A3
Cami Ca's Vidals 42
07150 Andratx

Tel. 9 71 23 52 72
Fax 9 71 23 54 12
E-Mail: info@son esteve.com
www.sonesteve.com

Anreise: Man nimmt die Flughafenautobahn Richtung Palma, dann die Ringautobahn Via de Cintura, die in die Autobahn nach Palmanova-Andratx einmündet. Man folgt der Landstraße bis Andratx. Am Ortseingang geht es nach links zum Hafen Puerto de Andratx. Am ersten Kreisverkehr ist der Weg nach Son Esteve ausgeschildert.

Kurzbeschreibung: Der trutzige mittelalterliche Wehrhof liegt auf halbem Weg zwischen Andratx und dem Hafen. Die Bewohner mussten sich über Jahrhunderte gegen Piratenüberfälle verteidigen. Im imposanten Haupthaus und in einem Nebengebäude entstanden geräumige, bequeme Zimmer. Der riesige Aufenthaltsraum und das Speisezimmer mit Kamin vermitteln einen Eindruck von der Bedeutung der Finca. Auf Son Esteve wird noch aktiv Landwirtschaft betrieben.

Fazit: Die Finca liegt kurz vor Puerto de Andratx, einem der beliebtesten Spielplätze des »Insel-Jetsets«. Son Esteve ist ein idealer Standort für Gäste, die am mondänen »Lifestyle« von Andratx teilnehmen, aber zum Schlafen lieber ihre Ruhe haben möchten.

45 Son Gener

D2
Carretera vieja Son Servera-Artá
07550 Son Servera

Tel. 9 71 18 36 12
Fax 9 71 18 35 91

Anreise: Die Autobahn Richtung Llucmajor wird an der ersten Ausfahrt verlassen. Die Verbindungsstraße führt zur Hauptstraße nach Manacor, der man weiter bis nach Sant Llorenz des Cardassar folgt. Dort biegt die Landstraße nach links nach Son Servera ab. Hier nimmt man die alte Straße nach Artá bis Kilometer drei.

Kurzbeschreibung: Wie Phönix aus der Asche ist diese alte Ölmühle zum Luxus-Landhotel aufgestiegen. Der Besitzer, ein bekannter Architekt, hat aus den Ruinen mit viel Know-how ein sehenswertes Ensemble geschaffen. Sowohl in den geräumigen und sehr komfortabel eingerichteten Zimmern als auch in den Sitzecken, im Speisezimmer und in den Aufenthaltsräumen überwiegen warme Erdfarben, die durch das Spiel mit Naturlicht gut zur Geltung kommen.

Fazit: Son Gener ist ein gelungenes Beispiel für den Charme historischer Bauwerke, die elegant renoviert wurden. Minimalistisch sind wertvolle Antiquitäten und moderne Kunst in Szene gesetzt.

10 JS • JS/F 234 € • Flughafen: 65 km

46 Son Jordá

C3
Ruberts
07410 Sencelles

Tel. 9 71 87 22 79
Fax 9 71 71 49 01

Anreise: Die Autobahn Richtung Llucmajor wird an der ersten Ausfahrt verlassen. Die Verbindungsstraße führt zur Landstraße nach Manacor, der man bis zum Kreisel nach Algaida folgt. Dort nimmt man die kleine Landstraße nach Pina. Man erreicht die alte Straße nach Sineu. Die erste Abzweigung nach rechts führt nach Ruberts.

Kurzbeschreibung: Dieses imposante Herrenhaus aus dem 15. Jahrhundert liegt, von üppiger Vegetation umgeben, gleich neben der Kirche des kleinen Weilers Ruberts. Das Haus hat zwölf Zimmer; eine Vergrößerung ist geplant, und das San Jordá wird Landhotel. Im Haupthaus befinden sich der Speisesaal, ein Aufenthaltsraum mit Kamin und eine rustikale Küche. Es gibt einen Pool und einen Tennisplatz.

Fazit: Das Hotel ist ein guter Standort für ruhige Ferien auf dem Land. Ausflüge, auch mit den hauseigenen Fahrrädern, bieten sich in die umliegenden Dörfer an. Der Markt in der alten Königsstadt Sineu (→ S. 87) ist sehenswert.

12 DZ • DZ/F 87–118 € • Flughafen: 22 km

47 Son Malero

4 DZ/ 1 S/ 1 App • DZ/F 96 € • S/F 100 € • App/F 117 €
Flughafen: 26 km

A3
Camino Son Malero
07184 Calviá

Tel./Fax 9 71 67 03 01

Anreise: Man nimmt die Flughafenautobahn Richtung Palma, dann die Ringautobahn Via de Cintura, die in die Autobahn nach Palmanova einmündet. Man folgt ihr bis Ausfahrt nach Calviá. Kurz hinter der Ortseinfahrt von Calviá zweigt der Camino de Son Malero nach links ab.

Kurzbeschreibung: In mühevoller Kleinarbeit hat der Besitzer die stattliche Finca seiner Väter renoviert und in ein nettes, sympathisches Landhotel umgewandelt. Die Zimmer sind einfach, doch gemütlich eingerichtet. Die Aufenthaltsräume, wie der alte Feuerplatz, wurden nach alten Vorlagen restauriert. Mallorquinische Möbel und frohe Farben geben dem Haus seine familiäre Atmosphäre. Die von Weinreben überspannte Terrasse und der Pool laden zum Verweilen ein.

Fazit: In Son Malero findet man eine gute Mischung: Man kann am quirligen Leben der Südwestküste teilnehmen, man kann sich aber auch zurückziehen und die Ruhe der Finca genießen. Für Wanderer und Naturfreunde geeignet.

48 Son Mas

16 JS • JS/F 224–240 € • Flughafen: 50 km

D3
Carretera Porto Cristo-Portocolom
07680 Porto Cristo

Tel. 9 71 55 87 55
Fax 9 71 55 87 56
E-Mail: hotel@sonmas.com
www.sonmas.com

Anreise: Man nimmt die Autobahn Richtung Llucmajor und gleich die erste Ausfahrt zur Hauptstraße nach Manacor. Dort biegt von der Umgehung nach rechts die Landstraße nach Calas de Mallorca ab. Man trifft auf die Küstenstraße und folgt ihr bis Kilometer 12,2. Dort biegt man nach links ab und folgt den Hinweisschildern.

Kurzbeschreibung: Der Charakter des 300 Jahre alten Gebäudes wurde beim Umbau der Finca in ein komfortables Landhotel bis heute bewahrt. Die Suiten sind sehr geräumig und luxuriös ausgestattet. Dunkles Holz und gedämpfte Pastelltöne prägen das einladende Ambiente. Das Son Mas verfügt über einen Pool und ein beheiztes Hallenbad mit Jakuzzi und Sauna in einem alten Kellergewölbe. Das Hotel hat verschiedene Salons und Sitzecken. Spektakulär das mächtige Gewölbe des Weinkellers und der Speisesaal.

Fazit: Das Son Mas ist ein gelungenes Beispiel für eine sorgsame Restaurierung. Die klaren Linien und das Spiel mit Licht und Schatten vermitteln ein angenehmes Ambiente.

49 Son Mayol

C3
Segivuelta 131
Son Mezquida, Felanitx

Tel. 9 71 18 35 82
Fax 9 71 58 09 00

Anreise: Man nimmt die Flughafenautobahn nach Llucmajor und dann die Landstraße bis Campos. Weiter geht es auf der Landstraße Richtung Felanitx, der man acht Kilometer folgt. Die Finca liegt – ausgeschildert – sehr versteckt auf dem flachen Land: Man biegt von der Hauptstraße links ab.

Kurzbeschreibung: Die Finca ist ein uriger Bauernhof mit gemütlicher, familiärer Atmosphäre. Die Kapelle der Finca, die älteste aus der Region, wurde im 12. Jahrhundert errichtet. Das Haupthaus, in dem die einfachen Zimmer und Appartements untergebracht sind, stammt aus dem 17. Jahrhundert. Auf Wunsch bereitet die Hausherrin mallorquinische Spezialitäten am offenen Feuer zu. Aus dem ehemaligen Wasserspeicher wurde ein schmucker Pool.

Fazit: Der Bauernhof ist ideal für Ferien »auf dem Land«. Die flache Gegend bietet auch ungeübten Radfahrern und Wanderern viel Gelegenheit, ohne große Anstrengung ein bisschen Sport zu treiben. Auf dem Hof gibt es viele Tiere, einige auch zum Anfassen.

2 DZ/ 2 App • DZ/F 84–96 € • App (4 P) 101–115 € • Flughafen: 45 km

50 Son Mola Vell

D3
Carretera Son Macià-Calas de Mallorca, 07509 Son Macià

Tel. 9 71 55 46 64
Fax 9 71 55 56 17

Anreise: Man nimmt die Flughafenautobahn nach Llucmajor und dann die Landstraße bis Campos. Weiter geht es auf der Landstraße bis Felanitx. In diesem Ort folgt man der Landstraße Richtung Manacor. Nach ca. sechs Kilometern zweigt nach rechts eine kleine Straße zum Weiler Son Macià ab.

Kurzbeschreibung: Der ehemalige Gutshof liegt etwas versteckt in den Hügeln vor der Ostküste. Trotz der Nähe belebter Urlauberzentren wie Cala d'Or spürt man auf Son Mola Vell nichts von dieser Hektik. Die Finca wurde mit viel Liebe zum Detail renoviert, die Zimmer und Suiten sind geräumig und mit modernem Komfort ausgestattet. Es gibt ein hauseigenes Restaurant und am schattigen Pool eine Bar. Der Golfplatz Vall d'Or ist gleich in der Nähe.

Fazit: **Großer Wert wird in diesem schmucken Landsitz auf den individuellen Service gelegt. Der Gast darf sich in einer familiären Atmosphäre wohl fühlen und das beschauliche Landleben abseits des großen Rummels genießen.**

3 DZ/ 1 EZ/ 3 JS/ 3 App • DZ/F 260–280 € • JS/F 340 € • App/F 210–240 €
Flughafen: 62 km

51 Son (es) Perello

3 App • App 102–127 € • Flughafen: 35 km

C2
Calle Sor Maria dels Dolor 14
07307 Moscari

Tel./Fax 9 71 18 52 61
www.finca-individuell.de

Anreise: Die Flughafenautobahn Richtung Palma verlässt man an der ersten Ausfahrt, die Verbindungsstraße führt zur Autobahn nach Inca. Von dort folgt man der Landstraße nach Alcúdia bis Kilometer 34. Dort zweigt eine kleine Teerstraße nach links ab und führt nach 1,7 Kilometern direkt zur Finca.

Kurzbeschreibung: Die alte Ölmühle, deren Ursprünge auf das Jahr 1680 zurückgehen, wurde mit viel Liebe zum Detail in eine sympathische Ferienfinca verwandelt. Die drei unabhängigen Ferienwohnungen von 40 bis 60 Quadratmetern sind ideal für Selbstversorger, sie sind komplett eingerichtet. Vom Salzwasserpool aus hat man einen traumhaften Panoramablick. Das Anwesen ist von Zitrus-, Mandel- und Feigenbäumen umgeben.

Fazit: Die Finca ist ein idealer Ort für Individualisten, die sich den Urlaub nach ihren Bedürfnissen gestalten wollen.

52 SON PONS

1 DZ/ 4 JS/1 S • DZ/F 90 € • JS/F 124 € • S/F 170 €
Flughafen: 45 km

C2
Carretera Búger-Sa Pobla km 1,2,
07311 Búger

Tel. 6 49 45 37 76
Fax 9 71 50 91 65
E-Mail: finca@sonpons.com
www.sonpons.com

Anreise: Die Flughafenautobahn Richtung Palma wird schon an der ersten Ausfahrt Coll den Rabassa verlassen, die neue Verbindungsstraße führt über Son Ferriol zur Autobahn nach Inca. Von dort folgt man der Landstraße nach Alcúdia bis zur Abzweigung nach Búger. Man durchquert das Dorf und folgt der Landstraße nach Sa Pobla bis Kilometer 1,2.

Kurzbeschreibung: Dieses ansehnliche Landgut aus dem 16. Jahrhundert wurde mit viel Sorgfalt restauriert, viele historische Details blieben erhalten. Die Zimmer sind geräumig, bequem und mit modernem Komfort ausgestattet. Die Aufenthaltsräume, ein Esszimmer mit Kamin und die gute mallorquinische Küche laden zum Verweilen ein, ebenso wie der schattige Innenhof und der Pool im Garten. Das Fincagrundstück ist seit 1990 Natur- und Jagdschutzgebiet.

Fazit: Relaxen in hübsch restaurierten, alten Gemäuern – hier findet jeder seine Rückzugsmöglichkeit und kann die mallorquinischen Schmankerl der Besitzerinnen im ländlichen Restaurant genießen.

53 Son Porro

C2
Diseminados poligono 3°
parcela 223, 07144 Costitx

Tel. 9 71 18 20 13
Fax 9 71 18 20 12

Anreise: Die Autobahn Richtung Palma wird an der ersten Ausfahrt verlassen, die neue Verbindungsstraße führt zur Autobahn nach Inca. Von der Ortsumgehung der Lederstadt zweigt die Straße nach Sineu nach rechts ab, der man bis zur Abzweigung nach Costitx folgt.

Kurzbeschreibung: Die Finca, die aus mehreren Gebäuden besteht, liegt in einem fruchtbaren Tal mit vielen Mandel- und Obstbäumen. Im Haupthaus sind die meisten der geräumigen Zimmer und Suiten untergebracht. Neben einem kleinen Haus (3 P) steht ein größeres Haus (6–7 P) mit Wohn-Esszimmer, einer Suite, zwei Doppelzimmern, Küche und zwei Bädern zur Verfügung. Alle Unterkünfte sind komfortabel und in mallorquinischem Landstil eingerichtet. Die Gäste treffen sich am Pool oder im schattigen Innenhof.

Fazit: Das Son Porro eignet sich für einen Familienurlaub und auch als Ausgangspunkt für Gäste, die gerne die Insel mit dem Auto erkunden wollen. Costitx beherbergt das einzige Himmelsobservatorium Mallorcas und ist der geografische Mittelpunkt der Insel.

3 DZ/ 6 S/ 2 Häuser • DZ/F 96–120 € • S/F 120–150 €,
Häuser 120 € (3 P) und 210 € (6 P) • Flughafen: 37 km

54 Son Samá

C3
Carretera Llucmajor-Porreres
km 3,5, 07620 Llucmajor

Tel. 9 71 12 09 59
Fax 9 71 66 41 22
E-Mail: Sonsama@teleline.es

Anreise: Man folgt der Flughafenautobahn und später der Landstraße nach Llucmajor. Dort führt die Umgehungsstraße bis zum letzten Kreisel. Hier geht eine kleine Teerstraße nach Porreres ab, der man bis Kilometer 3,5 folgt. Die Finca liegt auf der linken Seite.

Kurzbeschreibung: Das große Landgut, dessen Ursprünge auf das 16. Jahrhundert zurückgehen, liegt auf einer kleinen Anhöhe im Steineichenwald. Die Zimmer, Appartements und Suiten sind komfortabel im mallorquinisch-ländlichen Stil eingerichtet. Im üppigen Garten liegt der Pool. Auf dem weitläufigen Fincagelände kann man auch reiten. Das haus-

3 DZ/ 2 S/ 3 App • DZ/F 92 € • S/App (2 P) 122 € • Flughafen: 18 km

Romantik mitten im Steineichenwald: das Landgut Son Samá.

eigene Restaurant »Es Mirador« präsentiert klassische mallorquinische Spezialitäten.

Fazit: **Im Son Samá kann man geruhsame Familienferien auf dem Land verbringen. Auch Kinder sind gerne gesehen. Die mallorquinischen Besitzer sind gastfreundlich, und die Gäste können sich in angenehmer Atmosphäre entspannen.**

Tipp

Die Insel der Maler

Seit Jahrhunderten hat das spezielle Licht der Insel die Maler angezogen. Palma bietet zahlreiche Kunstsammlungen von der Klassik bis zur Moderne. Einen Besuch wert sind die Sammlung March in der Calle Sant Miguel und die Stiftung Joan Miró in Cala Major. Die aktuellen Ausstellungen in mehr als 50 Galerien erfährt man in einer Monatsbroschüre, die bei den Informationsstellen ausliegt.

55 Son Sant Jordi

8 DZ • DZ/F 94–128 € • Flughafen: 52 km

C2
Carrer Sant Jordi 29
07460 Pollença

Tel. 9 71 53 03 89
Fax 9 71 53 51 09
E-Mail:
s.santjordi@hspollensa.com

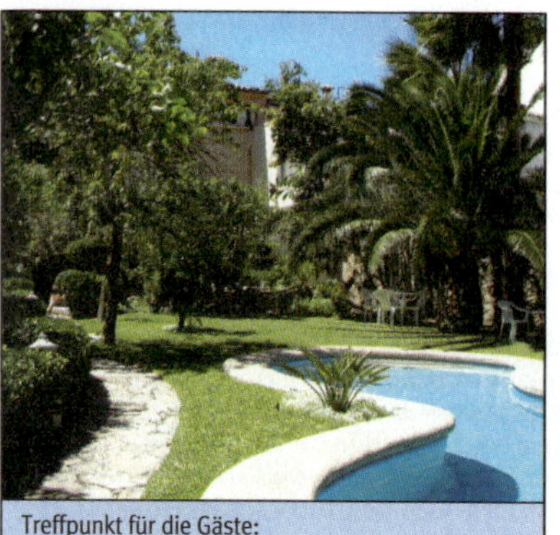

Treffpunkt für die Gäste: der Pool im schattigen Innenhof.

Anreise: Die Flughafenautobahn Richtung Palma wird schon an der ersten Ausfahrt Coll den Rabassa verlassen, die neue Verbindungsstraße führt über Son Ferriol zur Autobahn nach Inca. Dort folgt man der Umgehungsstraße nach Pollença. Das Hotel liegt im Zentrum der Altstadt.

Kurzbeschreibung: Dieses Herrenhaus, erbaut 1900, liegt in der historischen Altstadt Pollenças neben der gleichnamigen gotischen Kirche. Es wurde erst vor kurzem in ein kleines Stadthotel umgebaut. Die komfortablen Zimmer sind im klassischen mallorquinischen Stil ausgestattet, warme Pastellfarben geben den Ton an. Die Gäste treffen sich am Pool im schattigen Innenhof. Eine Sauna lädt zum Schwitzen ein.

Fazit: **Das Son Sant Jordi bietet die Möglichkeit, am regen Stadtleben des quirligen Künstler- und Handwerkerstädtchens teilzunehmen. Von der Terrasse des hauseigenen Restaurants kann man das Treiben auf dem kleinen Platz von Sant Jordi beobachten.**

Die Zimmer sind im mallorquinischen Stil eingerichtet.

Tipp

»Des Müllers Lust«

Mallorca ist besonders in der Nebensaison, im Frühling und im Herbst, ein herrliches Wandergebiet. Man sollte sich, auch wenn man selbstorganisiert wandert, eine gute Wanderkarte, einen aktuellen Wanderführer und natürlich eine entsprechende Wanderausrüstung anschaffen. Für anspruchsvolle Touren in den Bergen sollte man sich einer geführten Gruppe anschließen. Nur für erfahrene Bergsteiger sind die Abstiege durch die Sturzbäche (»torrentes«) an der Nordwestküste geeignet.

56 Son (Predio) Serra

C1
Carretera Muro-Can Picafort
km 5, 07440 Muro

Tel. 9 71 53 79 80
Fax 9 71 86 05 40
E-Mail: Son-Serra@gmx.net
www.son-serra-mallorcaservice.de

Anreise: Die Autobahn Richtung Palma wird schon an der ersten Ausfahrt verlassen, die Verbindungsstraße führt zur Autobahn nach Inca. Man umgeht die Lederstadt und folgt der Hauptstraße Richtung Puerto de Alcúdia bis zur Abfahrt Sa Pobla. Von Sa Pobla geht es nach Muro und dann Richtung Can Picafort.

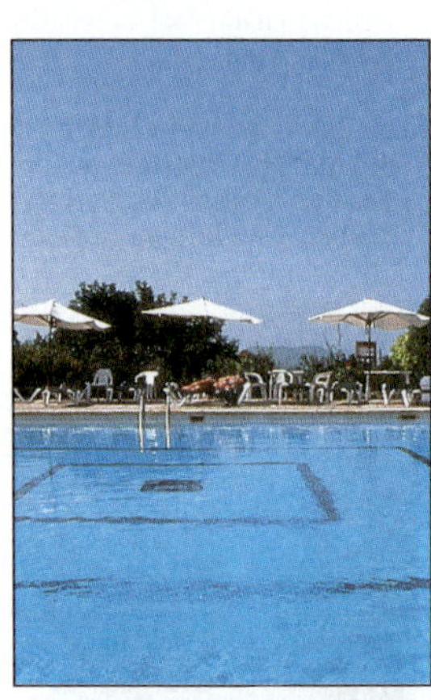

Kurzbeschreibung: Der Reiterhof Son (Predio) Serra liegt nur wenige Kilometer von der Bucht von Alcúdia entfernt. In den Nebengebäuden wurden 15 geräumige und bequeme

15 DZ • DZ/F 120–132 € • Flughafen: 60 km

Die Zimmer von Son (Predio) Serra sind angenehm groß und komfortabel.

Zimmer geschaffen. Der Speisesaal und die Bar befinden sich im Haupthaus. Im blumenreichen Garten liegt ein Pool. Das Sportangebot erstreckt sich vom Reiten (auch am Strand) über Motorboot- und Wasserskifahren. Auch geführte Wanderungen werden organisiert.

Fazit: Son (Predio) Serra ist der ideale Platz für Reiterferien auf der Insel. Es wird weniger Wert auf steife Etikette als auf gepflegte Reiterkameradschaft gelegt. Die reitenden Gäste beteiligen sich an allen Pflegearbeiten für die sieben Anglo-Araber, die ebenfalls auf der Finca »wohnen«. Auch Nichtreiter finden hier Erholung.

57 SON SIURANA

1 JS/ 2 App (4 P)/ 3 Häuser (2 P)/ 2 Häuser (4 P) • JS/F 112–148 €
App 193–225 € • Haus (4 P) 208–240€ • Flughafen: 45 km

C2
Carretera Palma-Alcúdia km 45,
07400 Alcúdia

Tel. 9 71 54 96 62
Fax 9 71 54 97 88
E-Mail: info@sonsiurana.com
www.sonsiurana.com

Anreise: Die Flughafenautobahn Richtung Palma wird schon an der ersten Ausfahrt Coll den Rabassa verlassen, die neue Verbindungsstraße führt über Son Ferriol zur Autobahn nach Inca. Dort folgt man der Landstraße nach Alcúdia bis Kilometer 45. Links in den Hügeln liegt die Finca.

Kurzbeschreibung: Der stattliche Gutshof, der erstmals 1784 urkundlich erwähnt wird, hat sich in eine schicke Ferienfinca verwandelt. Die Appartements und Häuser sind in mallorquinischem Landhausstil eingerichtet und

verfügen über modernen Komfort. Im Haupthaus gibt es gemütliche Aufenthaltsräume und einen Konferenzsaal für 50 Personen. Zahlreiche Terrassen mit Pool und viele Obstbäume umgeben die Häuser. Die Gäste können sich vom frischen Obst und Gemüse aus dem Bio-Garten bedienen.

Fazit: Die Finca eignet sich für Familien und kleinere Gruppen. Auch Konferenzen und Seminare können in den Räumlichkeiten der Finca stattfinden. Wanderer finden auf dem riesigen Grundstück gekennzeichnete Wege. Herrliche Ausblicke auf die Buchten des Nordens.

Gemütliche Aufenthaltsräume und Terrassen lassen die Gäste von Son Siurana die Ferien genießen.

58 Son Trobat

D2
Carretera Manacor-Sant Llorenç
07530 Sant Llorenç des Cardassar

Tel. 9 71 56 96 74
Fax 9 71 56 98 74
E-Mail: sontrobat@ctv.es
www.sontrobat.com

Anreise: Man nimmt die Autobahn Richtung Llucmajor und gleich die erste Ausfahrt zur Hauptstraße nach Manacor. In der Perlenstadt folgt man der Hauptstraße Richtung Artá. Vor der Ortseinfahrt von Sant Llorenç, kurz vor der Tankstelle, biegt die Zufahrt zum Fincahotel nach links ab.

Kurzbeschreibung: Dieser riesige Gutshof, dessen Fassaden im ursprünglichen Zustand gelassen wurden, beherbergt in seinem Inneren ein komfortables Landhotel, das an Service und Angebot keine Wünsche offen lässt. Die mit Antiquitäten und mallorquinischen Stoffen ausgestatteten Zimmer sind sehr geräumig. Es gibt einen Außen- und einen Innenpool mit türkischem Bad, Sauna und Massageraum. Man kann hier Tennis und Fußball spielen.

Fazit: Das Landhotel ist eine gelungene Kombination aus Tradition und modernem Serviceangebot. Die Besitzer bemühen sich um eine familiäre Atmosphäre. Gäste, die Ruhe suchen, finden auf dem riesigen Fincagrundstück kleine Oasen der Stille.

23 DZ/2 S • DZ/F 160 € • S/F 225 € • Flughafen: 46 km

59 Son Vivot

2 DZ/ 1 JS • DZ/F 96 € • JS/F 120 € • Flughafen: 42 km

C2
Carretera Palma-Alcúdia km 34
07300 Inca

Tel. 9 71 88 01 24
Fax 9 71 50 34 61
E-Mail: info@sonvivot.com
www.sonvivor.com

Anreise: Die Flughafenautobahn Richtung Palma wird schon an der ersten Ausfahrt Coll den Rabassa in Richtung Inca verlassen, die neue Verbindungsstraße führt über Son Ferriol zur Autobahn. In Inca folgt man der Landstraße nach Alcúdia bis Kilometer 34. Die Abzweigung zur Finca nach rechts ist ausgeschildert.

Kurzbeschreibung: Diese imposante Finca, deren Ursprünge auf das 14. Jahrhundert zurückgehen, wird nur zum kleinen Teil für Gäste genutzt. Sie gehörte einst zu den wichtigsten Landgütern der Gegend um Inca. Die traditionell eingerichteten Zimmer sind sehr gemütlich. Interessant der mittelalterliche Wachturm. Mehrere Salons, der biologische Gemüsegarten und hauseigene Fahrräder stehen den Gästen zur Verfügung. Der Pool liegt im Zitrusgarten.

Fazit: **Das altehrwürdige Gemäuer lädt dazu ein, einfach einmal die Seele baumeln zu lassen. Gestört wird man dabei kaum. Auch Ausflüge in die Dörfer der gegenüberliegenden Berge der Tramuntana oder an die großen Badebuchten des Nordens bieten sich an.**

60 SON XOTANO

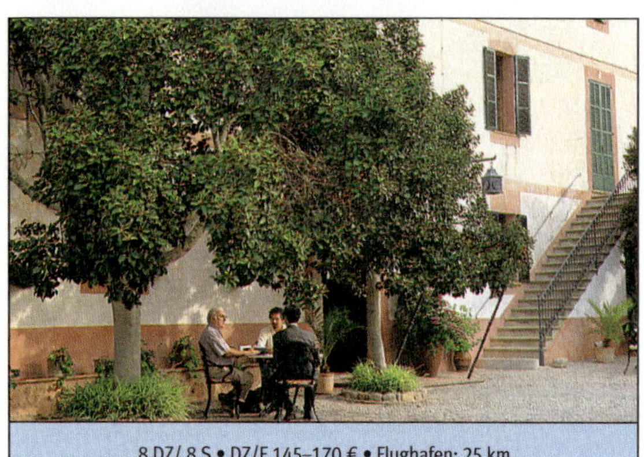

8 DZ/ 8 S • DZ/F 145–170 € • Flughafen: 25 km

C3
Carretera Pina-Sencelles
km 1,5, 07220 Pina

Tel. 9 71 87 25 00
Fax 9 71 87 25 01
E-Mail: info@sonxotano.com
www.sonxotano.com

Anreise: Die Flughafenautobahn Richtung Llucmajor wird schon bei der ersten Ausfahrt Richtung Manacor verlassen. Der Landstraße nach Manacor folgt man bis zum Kreisel bei Algaida. Hier nimmt man die kleine Landstraße nach Pina und fährt sie Richtung Sencelles bis Kilometer 1,5. Die Anfahrt zur Finca biegt links in den Wald ab.

Kurzbeschreibung: Der stattliche Gutshof liegt auf einer kleinen Anhöhe inmitten eines Waldes. Im wuchtigen Herrenhaus und einigen Nebengebäuden der weitläufigen Anlage befinden sich 16 komfortable Zimmer und Suiten, die im Stil der Gutsherren um 1900 eingerichtet sind. Das hauseigene Restaurant, zahlreiche Terrassen im alteingewachsenen Park mit Pool oder anheimelnde Sitzecken sowie die alte Küche laden zum Verweilen ein. Son Xotano besitzt auch ein Gestüt: für Reiterfreunde (Anfänger und Fortgeschrittene) ein zusätzliches Urlaubsvergnügen.

Fazit: In Son Xotano kann man Urlaub »nach Gutsherrenart« machen und sich in die Zeit der Jahrhundertwende zurückversetzen lassen – mit Pferden und Kutschen in rustikalem Ambiente.

Das schmiedeeiserne Treppengeländer schmückt das Landhotel.

Im alten Weinkeller wurde ein stilvolles Restaurant eingerichtet.

MALLORCA VON A-Z

ANREISE ***mit dem Flugzeug:*** Mehr als 90 Prozent aller Feriengäste kommen per Charterflug am Flughafen Son Sant Joan an und werden mit Bussen zu ihren Hotels gebracht. Für Individualreisende gibt es Taxis oder den Shuttle-Bus, der im 20-Minuten-Takt zum Busbahnhof an der Plaça Espanya fährt. Von dort aus sind, zumindest tagsüber, die Urlaubsorte mit Linienbussen zu erreichen. Der Flughafen, 1997 erweitert, ist einer der größten Europas. In der Hauptreisezeit starten und landen die modernen Großraumjets im Minutentakt. Alle wichtigen deutschen Charterfluggesellschaften fliegen die Insel an. Kontakttelefone auf Mallorca:
Condor: 9 71 78 79 99
Air Berlin: 9 71 78 77 60 oder 9 01 11 64 02
LTU: 9 71 78 99 10
Hapag Lloyd: 9 02 48 05 00

mit der Fähre: Die klassische Anreise mit einer Fähre ist an sich schon ein Erlebnis, jedoch zeitraubend und auch noch teuer, falls man das eigene Auto mitnimmt. Gewöhnlich ist Barcelona der Abfahrtshafen. Der eigene PKW lohnt sich bei den auf Mallorca günstigen Mietwagenpreisen (25 – 50 € pro Tag je nach Fahrzeugklasse) nur bei mehrwöchigen Inselaufenthalten. Im Sommer sollte auf jeden Fall die Überfahrt schon in Deutschland über ein Reisebüro gebucht werden.

APOTHEKEN Die Apotheken, »Farmácias«, sind mit einem grünen Kreuz gekennzeichnet. Sie führen alle in Deutschland bekannten Medikamente. Die Öffnungszeiten entsprechen den allgemeinen Ladenöffnungszeiten (→ S. 87). Für Nacht- und Wochenendservice hängen Listen der dienstbereiten Apotheken aus, sie werden auch in der Tagespresse veröffentlicht.

ÄRZTLICHE VERSORGUNG Das öffentliche Gesundheitswesen Mallorcas steht gesetzlich Krankenversicherten unter Vorlage des Auslandskrankenscheins E 111 offen. Kostenlos werden sie im Zentralkrankenhaus Son Dureta, im neuen Krankenhaus Palma II, dem

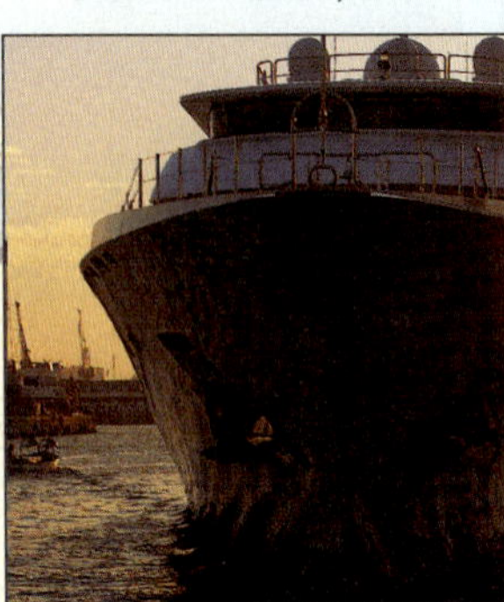

Mehrere Großraumfähren verbinden Mallorca mit dem spanischen Festland.

Die Aussichtspunkte auf Mallorca, häufig ehemalige Wachttürme gegen Piratenangriffe, bieten grandiose Ausblicke auf die zerklüftete Nordwestküste.

Bezirkskrankenhaus Manacor und den Gesundheitszentren Centro de Salud in Stadtteilen, Dörfern und Küstenorten behandelt. Die AOK unterhält in Palma eine Geschäftsstelle, Centro de los Geranios, Passaje Juan XXIII Nr. 3, gleich neben dem Mercat des Olivar, geöffnet von Montag bis Freitag 9 bis 17 Uhr, Tel. 9 71 71 41 72, Fax 9 71 71 11 35. Palma verfügt über mehrere Privatkliniken, die bekanntesten sind Policlinica Miramar, Clinica Rotger und Clinica Juaneda. Zahlreiche deutsche Ärzte und Zahnärzte bieten auf der Insel privat ihre Dienste an. Es gibt mehrere deutsche Facharztzentren.

BANKEN, SPARKASSEN Banken, »Banco«, und Sparkassen, »Caja, Caixa«, sind von Montag bis Freitag von 8.30 bis 14 Uhr geöffnet. Manche Banken haben auch an einem Nachmittag Schalterstunden. Mit allen gängigen Kreditkarten kann man bei den Geldinstituten Geld abheben.

DIPLOMATISCHE VERTRETUNG

Deutsches Konsulat: Palma, Porto Pi 8 (Edificio Reina Constanza), 3. Stock, Tel. 9 71 70 77 37, Fax 9 71 70 77 40, Montag bis Freitag 9 bis 12 Uhr.

Österreichisches Konsulat: Palma, Carrer Sindicat 69, 10. Stock, Tel. 9 71 72 80 99, Fax 9 71 72 84 27, Montag bis Freitag 10 bis 13 Uhr.

Schweizer Generalkonsulat: Barcelona, Gran Via 94, 7. Stock, Tel. 9 33 30 92 11. Notfalltelefon Mallorca: 9 71 60 67 51, Montag bis Freitag 9 bis 12.30 Uhr.

EINREISE: EU-Bürger und Schweizer brauchen bei einem Aufenthalt bis zu drei Monaten einen gültigen Personalausweis, alle anderen einen Reisepass, teilweise Visa. Kinder bis 16 Jahre benötigen einen Kinderausweis oder müssen im Familienpass eingetragen sein.

FEIERTAGE Neben den beweglichen Feiertagen Ostern und Fronleichnam gibt es auf Mallorca folgende amtliche Feier-

tage:
1. Januar: Neujahr (Año Nuevo)
6. Januar: Heilige Drei Könige (Reyes Magos)
19. März: Josefstag (San José)
1. Mai: Tag der Arbeit (Fiesta del Trabajo)
25. Juli: Jakobstag (Dia de Santiago)
15. August: Mariä Himmelfahrt (Asunción de nuestra Señora)
12. Oktober: Entdeckung Amerikas (Hispanidad)
1. November: Allerheiligen (Todos los Santos)
6. Dezember: Verfassungstag (Constitución)
8. Dezember: Mariä Empfängnis (Dia de la Immaculada)
25./26. Dezember: Weihnachten (Navidad), Heiliger Abend und Silvester sind normale Arbeitstage.

FERNSEHEN Über Satellit kann man deutsches Fernsehen überall auf der Insel empfangen. Das Deutsche Inselfernsehen bringt Aktuelles von den Balearen täglich jeweils eine Stunde um 9 und 17 Uhr auf der Frequenz des lokalen Senders Canal 4.

FESTE ÜBER DAS JAHR Neben den amtlichen Feiertagen zieht sich ein ganzer Reigen von lokalen Festen durch das gesamte Jahr. Kurz nach Neujahr tanzen überall auf der Insel als Teufel Verkleidete (Sant Antoni, 17. Januar), besonders in Sa Pobla. Zu Ostern ziehen Kapuzen tragende Bruderschaften durch das Zentrum von Palma. Spektakulär sind die nachgestellten Schlachten zwischen Insulanern und Piraten in Sóller (10. Mai) und Pollença (2. August). Neben Melonen- und Erntedankfesten gibt es das Fest des Weines in Binissalem (letzte Septemberwoche).

Zahlreiche Prozessionen ziehen zu Ostern viele Besucher nach Palma.

FLOHMÄRKTE Bei schönem Wetter zieht der große Flohmarkt in Consell am Sonntagvormittag Tausende Besucher an. Schnäppchenjäger müssen dafür aber früh aufstehen, ebenso für den großen Flohmarkt, der Samstagvormittag auf einem Teil der Avenidas in Palma stattfindet. Jeden Samstag zieht es viele Schau- und Kauflustige zum Kunsthandwerksmarkt in die Gärten von Na Batlessa in Artá.

FUNDBÜROS Das Fundbüro der Inselhauptstadt Palma befindet sich in der Carrer Cadena 2 (Nähe Rathaus), Tel. 9 71 72 77 44. In kleineren Orten sind die Fundbüros in den Gemeindeverwaltungen oder lokalen Polizeistationen untergebracht.

GOLFPLÄTZE

Son Vida, ein »Klassiker« (18 Loch), oberhalb der Inselhauptstadt gelegen.
Tel. 9 71 79 12 10,
Fax 9 71 79 11 27

Son Muntaner, nur für Gäste der Hotels Son Vida und Arabella (18 Loch).
Tel. 9 71 79 12 10,
Fax 9 71 79 11 27

Bendinat, auf den Hügeln oberhalb von Illetas (18 Loch).
Tel. 9 71 40 52 00,
Fax 9 71 70 07 86

Son Termes, in den Ausläufern des Tramuntana-Gebirges bei Bunyola (18 Loch).
Tel. 9 71 61 78 62,
Fax 9 71 61 78 45

Poniente, an der Landstraße bei Magalluf – Cala Figuera (18 Loch). Tel. 9 71 13 01 48,
Fax 9 71 13 01 76

Santa Ponça I, Austragungsort wichtiger Turniere (18 Loch).
Tel. 9 71 69 02 11,
Fax 9 71 69 33 64

Santa Ponça II, Privatplatz für die 560 Aktionäre der umliegenden Golfsiedlung (18 Loch).
Tel. 9 71 69 02 11,
Fax 9 71 69 33 64

Santa Ponça III, Trainingsplatz des Clubs mit neun Loch.
Tel./Fax wie Santa Ponça I.

Golf de Andratx, neue, spektakuläre Anlage (18 Loch). Tel. 9 71 23 62 80, Fax 9 71 23 63 31

Son Servera, exklusiver Platz mit neun Loch.
Tel. 9 71 56 78 02,
Fax 9 71 56 81 46

Canyamel, reizvolle Anlage bei Son Servera (18 Loch).
Tel. 9 71 56 44 57,
Fax 9 71 56 53 80

Pula Golf, einer der attraktivsten Plätze mit 18-Loch-Anlage.
Tel. 9 71 81 70 34,
Fax 9 71 81 70 35

Capdepera, der natürlichste alle Plätze (18 Loch).
Tel. 9 71 56 58 75,
Fax 9 71 56 58 74

Pollença, Platz mit neun Loch.
Tel. 9 71 53 32 16,
Fax 9 71 53 32 65

V**all d'Or,** idyllisch gelegen inmitten ausgedehnter Pinienwälder (18 Loch).
Tel. 9 71 83 70 01,
Fax 9 71 83 72 99

Son Antem I, Anlage nach amerikanischen Vorbildern (18 Loch). Tel. 9 71 18 00 94,
Fax 9 71 18 04 12

Son Antem II, moderne 18-Loch-Anlage. Tel./Fax wie Son Antem I

La Reserva Rotana, nur den Gästen des exklusiven Landhotels vorbehalten (9 Loch).
Tel. 9 71 84 56 85,
Fax 9 71 55 52 58

HAUSTIERE Die Einfuhr von Tieren, die jünger als drei Monate sind, ist untersagt. Für Hunde braucht man ein amtstierärztliches Zeugnis, das maximal ein Jahr alt ist. Nach Anmeldung transportieren alle deutschen Fluggesellschaften Haustiere. Hunde mit mehr als fünf Kilo Gewicht müssen in einem gesonderten Käfig im Gepäckteil transportiert werden.

KINDER In fast allen Hotels gibt es Kinderermäßigungen. Die flachen Badestrände wie an der Platja de Palma oder der Bucht von Alcúdia sind für Kinder geeignet. Wasserparks wie Aquacity (Arenal), Aquapark (Magaluf) und Hidropark (Alcúdia) bieten mit Riesenrutschen und vielen Wasserspielen für Kinder viel Spaß. Sehr beliebt ist die Delfin-Show im Meereszoo Marineland bei Portals Nous und die Tauchfahrt mit Nemo, dem einzigen Unterseeboot der Balearen mit Base (Tel.: 971 1302 44, U-Boot Nemo, März bis Okt.) in Magaluf. Direkten Kontakt mit der einheimischen Tierwelt haben Kinder im Streichelzoo des Natura-Parks an der alten Landstraße nach Sineu.

KIRCHEN Die Kirchen, fast 100 Prozent katholisch, können nur während der Gottesdienste besucht werden. In deutscher Sprache finden in mehreren Orten Gottesdienste statt. Evangelisch in Platja de Palma, Peguera, Santa Ponça, Cala Rajada, Cala Millor und Cala Murada, Infotel. 9 71 74 32 67. Katholisch in Palma, Platja de Palma, Peguera und Cala Millor, Infotel. 9 71 26 45 51.

KLEIDUNG Während die Urlauber im Sommer mit leichter Bekleidung auskommen, sollten sie in den Herbst- und Wintermonaten wärmere Kleidung mitführen. Das Thermometer kann bei Regenwetter in die Nähe des Gefrierpunkts abfallen, fast jedes Jahr fällt einmal Schnee in den Höhenlagen der Nordwestküste. Auch im Frühling und Herbst kann es nachts frisch werden. Besichtigungen von Kirchen und Museen nicht in Strandkleidung!

KRIMINALITÄT Trotz der im Sommer verstärkten Polizeipräsenz können Kleinkriminelle wie die Nelkenfrauen oder Hütchenspieler die Urlaubsfreude trüben, falls man nicht die notwendige Vorsicht walten lässt. Lassen Sie sich nicht ins Spiel ziehen, halten Sie Abstand. Wer den Geldbeutel zückt, hat schon verloren! Niemals Wertgegenstände sichtbar im Auto liegen lassen. Größere Summen Bargeld, Schmuck, Flugtickets und Ausweise gehören in einen Safe.

MÄRKTE Die wichtigsten Wochenmärkte:
Montag: Calviá, Manacor, Montuiri
Dienstag: Alcúdia, Artá, Cam-

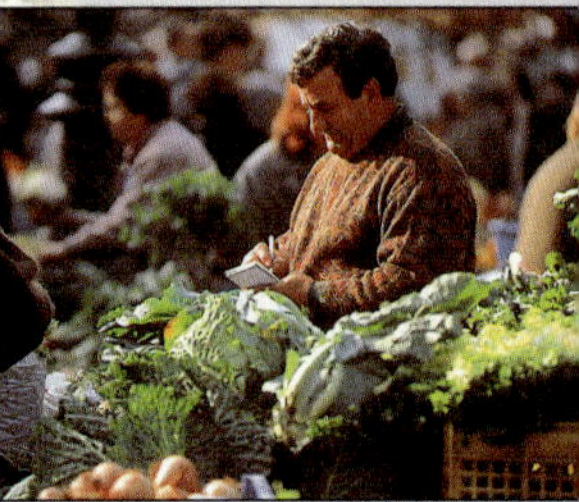

Die Wochenmärkte, die an verschiedenen Standorten auf der Insel abgehalten werden, sind sehr beliebt.

panet, Llubi, Porreres, Santa Margalida
Mittwoch: Andratx, Capdepera, Llucmajor, Port de Pollença, Selva, Sencelles, Vilafranca, Sineu, Colonia Sant Jordi (nachmittags)
Donnerstag: Campos, Consell, Inca, Sant Llorenç, Arenal, Ses Salines
Freitag: Algaida, Binisalem, Llucmajor, Maria de la Salut, Son Servera
Samstag: Bunyola, Cala Rajada, Campos, Lloseta, Santanyi, Arenal, Sóller
Sonntag: Alcúdia, Felanitx, Muro, Pollença, Portocristo, Sa Pobla, Valldemossa

NOTRUF Allgemeiner Notruf: auch auf deutsch: 1 12
Ärztlicher Notruf: 0 61
Feuerwehr: Palma 0 80, sonst 0 85
Stadtpolizei: 0 92
Policia Nacional (bei Diebstahl, Einbruch): 0 91
Guardia Civil (in den Dörfern): 0 62

ÖFFNUNGSZEITEN Öffnungszeiten sind Montag bis Freitag 9 bis 13.30 und 17 bis 20 Uhr, sonnabends 9 bis 13 Uhr. In den Städten und Dörfern des Inselinneren hält man sich auch daran. Große Supermärkte haben bis 21 Uhr geöffnet. In den Urlaubsorten kann man in einigen Geschäften auch später noch einkaufen. Ämter haben Montag bis Freitag von 9 bis 13 Uhr geöffnet. Fast alle Museen und Kunstsammlungen sind am Montag geschlossen.

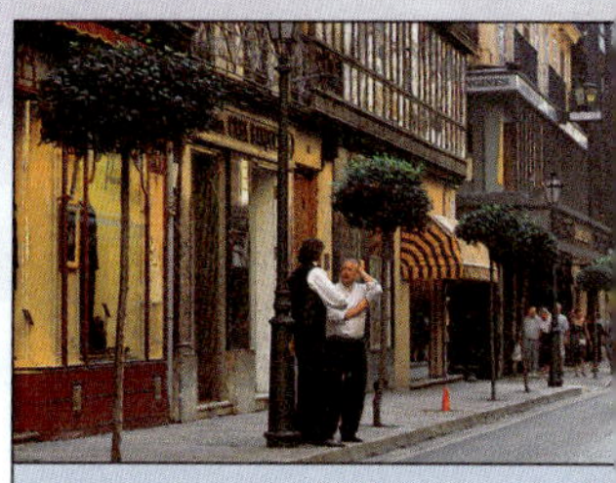

Das Stadtzentrum von Palma bietet elegante Shoppingmöglichkeiten.

POST Die Poststationen in den Küstenorten sind wochentags von 9 bis 13 Uhr geöffnet. Nur die Hauptpost in Palma, Carrer Constitució, hat Montag bis Freitag bis 20 Uhr, sonnabends bis 13 Uhr geöffnet. Briefmarken bekommt man in den Tabakläden, »Estanco«, und teilweise auch an den Hotelrezeptionen.

RADIO Die Deutsche Welle empfängt man am besten auf Kurzwelle 6075 kHz und 9545 kHz, ab 21 Uhr auch über die Frequenz des Deutschen Inselradios, auf der UKW-Frequenz 95,8 mHz täglich von 13 bis 21 Uhr.

SONNE Ohne Schutz kann die Sonnenstrahlung schon nach wenigen Stunden schwere Verbrennungen verursachen, deshalb Sonnencreme mit hohem Lichtschutzfaktor verwenden! Bei Bootsfahrten, Wanderungen, Rad- und Motorradfahrten, aber auch im Cabriolet sollten unbedeckte Körperstellen geschützt werden.

Im Inselsüden gibt es noch unberührte, weit geschwungene Sandstrände.

STRÄNDE Mallorca hat mehr als 50 Kilometer Strände in vielfältigen Erscheinungsformen zu bieten – von endlos geschwungenen, feinen Sandstränden bis zu winzigen Felsbuchten. Hier eine Auswahl der schönsten Badeplätze rund um die Insel.

1. Portals Vells, drei kleine Sandbuchten, von Felsen umgeben.

2. Sant Elm, kleiner Fischerort mit mehreren Stränden.

3. Cala de Deià, trichterförmige Felsschlucht, von hohen Felsmauern umgeben.

4. Sa Calobra – Cala Tuent, Kiesstrand nach einer Schwindel erregenden Anfahrt.

5. Cala Sant Vicenç, von Pinien gesäumter Sandstrand.

6. Cala Torta, feiner, weißer Sandstrand, eingerahmt von Felsen und Pinienwäldern.

7. Cala Mesquida, beliebter Sandstrand mit Dünenlandschaft.

8. Cala Bona, feiner Sandstrand mit Schatten spendenden Pinien.

9. Cala Mondragò, zwei von alten Pinien eingerahmte Sandstrände, Naturschutzgebiet.

10. Es Trenc, längster Sandstrand Mallorcas mit weiter Dünenlandschaft.

TELEFON Nach Deutschland gilt die Vorwahl 00 49, dann folgt die deutsche Nummer ohne 0. (Österreich 00 43, Schweiz 00 41). Mallorca erreicht man mit 0 03 49 71 und der entsprechenden sechsstelligen Anschlussnummer.

TOURIST-INFORMATIONEN In Palma befinden sich die Informationsbüros des Inselrats an der Plaça de la Reina 2, Tel. 9 71 71 15 27 (gleich am Aufgang zum Almudainapalast), am Inca-Bahnhof (Plaça de Ses Estacions), Tel. 9 71 75 43 29 und am Flughafen Son Sant Joan, Tel. 9 71 71 95 56. Die touristische Information der Stadt Palma ist in der Carrer Santo Domingo 11, Tel. 9 71 72 40 90. Außerdem sind in allen wichtigen Urlauberorten lokale Informationsstellen eingerichtet. Bei den spanischen Fremdenverkehrsämtern erhält man ebenfalls Auskunft.

Deutschland:

10707 Berlin, Kurfürstendamm 180, Tel. 0 30 8 82 60 36, Fax 03 0 8 82 66 61

60323 Frankfurt/M., Myliusstr. 14, Tel. 0 69 72 50 33, Fax 0 69 72 53 13

40237 Düsseldorf, Grafenberger Allee 100, Tel. 021 1 6 80 39 80, Fax 021 1 6 80 39 85

80051 München, Postfach 15

19 40, Tel. 08 9 5 30 74 60,
Fax 08 9 5 32 86 80
Österreich:
1010 Wien, Walfischgasse 8,
Tel. 0 1 5 12 95 80,
Fax 0 1 5 12 95 81
Schweiz:
8008 Zürich, Seefeldstr. 19,
0 1 2 52 79 30,
Fax 0 1 2 52 62 04
Internet: www.tourspain.es

TRINKGELD Trinkgelder sind üblich. Der Gepäckträger erwartet den kleinen Obolus, der Zimmerservice freut sich über eine Zuwendung. In Restaurants sollte man die Höhe am Service messen. Bei zufriedenstellender Bedienung sind bis zu zehn Prozent vom Rechnungsbetrag normal; man lässt das Geld am besten diskret auf dem Rückgabeteller liegen.

VERKEHR Mallorca verfügt über ein dichtes Straßennetz, allerdings in sehr unterschiedlichem Zustand. Moderne Autobahnen und gut ausgebaute Hauptstraßen verbinden die größeren Städte mit Palma. Die Verkehrsregelung und auch die Gebots- und Hinweisschilder sind nahezu identisch mit den deutschen. Auch in Spanien gilt Anschnallpflicht und die 0,5 Promillegrenze. Kontrollen gibt es besonders an Wochenenden, häufig nachts und in der Nähe der bekannten Vergnügungszentren. In vielen Innenstädten ist das Parken tagsüber zeitlich begrenzt. In den »Blauen Zonen« darf maximal zwei Stunden auf dem gleichen Parkplatz geparkt werden. Die Park-Tickets gibt es an Automaten.

ZEITUNGEN/ZEITSCHRIFTEN Deutsche Zeitungen und Zeitschriften findet man mit geringer Zeitverschiebung an den Kiosken. Es gibt zwei deutsche Wochenzeitungen, das »Mallorca Magazin« und die »Mallorca Zeitung«. Berichte und Reportagen zum Inselgeschehen ummanteln umfangreiche Anzeigenteile.

ZOLL Für Einreisende aus EU-Staaten gibt es seit dem Schengener Abkommen für Waren keine Ein- und Ausfuhrbeschränkungen mehr. Als Richtmengen zum Eigenbedarf gelten pro Person ab 16 Jahre 800 Zigaretten, 200 Zigarren, 90 l Wein und 10 l Spirituosen. Für Schweizer gelten kleinere Freimengen: 200 Zigaretten oder 50 Zigarren, 2 l Wein, 2 l Spirituosen, 50 ml Parfüm sowie Souvenirs bis zu einem Wert von 200 Schweizer Franken.

Auch auf Mallorca heißt es: sehen und gesehen werden!

Sprachführer Deutsch–Spanisch

AUSSPRACHE

c	vor dunklen Vokalen wie k (como), vor hellen Vokalen wie engl. th (gracias)
ch	wie tsch (ocho)
h	wird nicht gesprochen
j	wie ch (jueves)
ll	wie lj (calle)
ñ	wie nj (mañana)
qu	wie k (quisiera)
s	wie ss (casa)
y	wie j (hoy)
z	wie engl. th (diez)

WICHTIGE WÖRTER UND AUSDRÜCKE

Ja	*sí*
Nein	*no*
Bitte	*por favor*
Danke	*gracias*
Und	*y*
Wie bitte?	*Cómo?*
Ich verstehe nicht	*No entiendo*
Entschuldigung	*con permiso, perdón*
Guten Morgen	*buenos días*
Guten Tag	*buenas tardes*
Guten Abend	*buenas noches*
Auf Wiedersehen	*adiós*
Hallo	*hola*
Ich heiße ...	*Me llamo ...*
Ich komme aus ...	*Yo soy de ...*
Wie geht's?	*Qué tal, cómo está?*
Danke, gut	*Bien, gracias*
Wer, was, welcher	*quien, qué, cuál*
Wie viel	*cuánto*
Wo ist	*dónde está*
Wann	*cuándo*
Wie lange	*cuánto tiempo*
Sprechen Sie Deutsch/Englisch?	*Habla alemán/inglés?*
Heute	*hoy*
Morgen	*mañana*

ZAHLEN

eins	*uno*
zwei	*dos*
drei	*tres*
vier	*cuatro*
fünf	*cinco*
sechs	*seis*
sieben	*siete*
acht	*ocho*
neun	*nueve*
zehn	*diez*
hundert	*cien*
tausend	*mil*

WOCHENTAGE

Montag	*lunes*
Dienstag	*martes*
Mittwoch	*miércoles*
Donnerstag	*jueves*
Freitag	*viernes*

Die Orangen gedeihen in der Gegend um Sóller besonders gut.

Samstag	*sábado*
Sonntag	*domingo*

MIT UND OHNE AUTO UNTERWEGS

Wie weit ist es nach ...?	*Cuánto tiempo dura el viaje hasta ...?*
Wie kommt man nach ...?	*Por dónde se va a ...?*
Wo ist ...?	*Dónde está ...?*
– die nächste Werkstatt	*el próximo taller*
– der Bahnhof/ Busbahnhof	*la estación de ferrocarril/el terminal de autobuses*
– die nächste Busstation	*la próxima estación/parada de autobuses*
– der Flughafen	*el aeropuerto*
– die Touristeninformation	*la oficina de turismo*
– die nächste Bank	*el próximo banco*
– die nächste Tankstelle	*la próxima gasolinera*
Wo finde ich einen Arzt	*Dónde encuentro un médico*
Apotheke?	*farmacia?*
Bitte volltanken!	*lleno, por favor!*

Das andere, ursprüngliche Gesicht Mallorcas in der Nebensaison.

Normalbenzin	*normal*
Super	*super*
Diesel	*diesel/gasoil*
bleifrei	*sin plomo*
rechts	*a la derecha*
links	*a la izquierda*
geradeaus	*derecho*
Ich möchte ein Auto/Fahrrad mieten	*Quiero alquilar un coche/una bicicleta*
Wir hatten einen Unfall	*Tuvimos un accidente*
Eine Fahrkarte nach ... bitte!	*Quisiera un pasaje a ..., por favor!*

HOTEL

Ich suche ein Hotel	*Busco un hotel*
Ich möchte ein Zimmer für ... Personen	*Tiene usted una habitación para ... personas*
Haben Sie noch Zimmer frei?	*Hay habitaciones libres?*
– für eine Nacht	*para una noche*
– für zwei Tage	*para dos días*
– für eine Woche	*para una sema na*
Ich habe ein Zimmer reserviert	*He reservado una habitación*
Wie viel kostet das Zimmer?	*Cuánto vale la habitación?*
– mit Frühstück	*desayuno incluido*
– mit Halb-	*con desayuno*

pension	*y cena*
Kann ich das Zimmer sehen?	*Es posible ver la habita ción?*
Ich nehme das Zimmer	*Tomo la habitación*
Kann ich mit Kreditkarte zahlen?	*Puedo pagar con tarjeta de credito?*

RESTAURANT

Die Speisekarte bitte!	*El menú, por favor*
Die Rechnung bitte!	*La cuenta, por favor*
Ich hätte gern einen Kaffee	*Un café, por favor*
Wo finde ich die Toiletten?	*Dónde está el baño/el servi cio?*
– (Damen/ Herren)	*(damas/caballeros)*
Kellner	*camarero/ camarera*
Frühstück	*desayuno*
Mittagessen	*almuerzo*
Abendessen	*cena*

EINKAUFEN

Wo gibt es ...?	*Dónde hay ...?*
Haben Sie ...?	*Hay ...?*
Wie viel kostet das?	*Cuánto vale esto?*
Das ist zu teuer	*Es demasiado caro*
Geben Sie mir bitte hundert	*Por favor deme cien gramos/un*

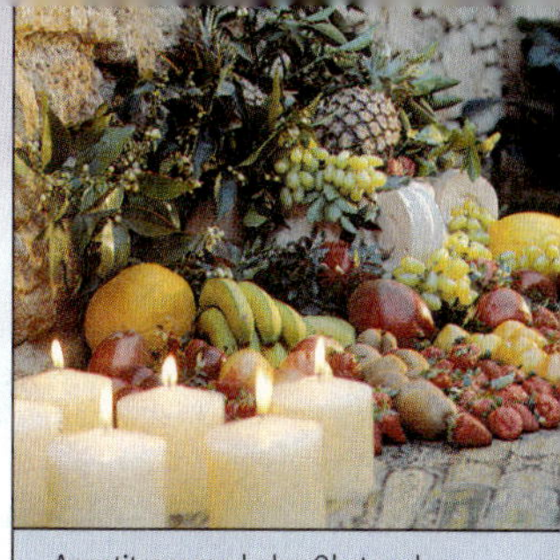

Appetitanregend: das Obst und Gemüse auf Mallorca.

Gramm/ein Kilo ...!	*kilo de ...*
das ist alles	*eso es todo*
geöffnet	*abierto*
geschlossen	*cerrado*
Bäckerei	*panadería*
Kaufhaus	*(grandes) almacenes*
Markt	*mercado*
Metzgerei	*carnicería*
Haushaltswaren	*articulos domesticos*
Lebensmittelgeschäft	*tienda de comestibles, colmado*
Briefmarke für einen Brief/ eine Postkarte nach	*sello para una carta/ una tarjeta postal a*
– Deutschland	*Alemania*
– Österreich	*Austria*
– in die Schweiz	*Suiza*

Impressum

Liebe Leserinnen und Leser,

wir freuen uns, Ihre Meinung zu diesem MERIAN kompass zu erfahren. Bitte schreiben Sie uns, wenn Sie Berichtigungen und Ergänzungsvorschläge haben oder wenn Ihnen etwas besonders gut gefällt:

Gräfe und Unzer Verlag, Reiseredaktion, Postfach 86 03 66, 81630 München, E-Mail: merian-kompass@graefe-und-unzer.de

Redaktion: Ulrike Bässler
Kartenredaktion: Markus Röleke

**Bei Interesse an Karten aus MERIAN-Produkten schreiben Sie bitte an:
iPUBLISH GmbH, geomatics
Berg-am-Laim-Straße 47
81673 München
E-Mail: geomatics@ipublish.de**

Gestaltung: Cordula Schaaf
Karten: MERIAN-Kartographie
Produktion: Helmut Giersberg
Satz: Cordula Schaaf
Druck und Bindung:
Ludwig Auer GmbH
ISBN 3-7742-0982-0

10 9 8 7 6 5 4 3 2 1

Ein Unternehmen der
GANSKE VERLAGSGRUPPE

Umschlagfoto oben: E. Wrba, Landhaus bei Deià
Umschlagfoto unten: Könnemann Verlagsgesellschaft mbH

Fotos: G. Huber/laif 6, 6/7, 82, 83, 84, 87, 89, 90l, 90r, 91o, 91m, 92o, 92l.u, 92m.u, 92r.u, 93l; G. Jung 7, 88, 93m; E. Wrba 22o, u, 23, 80o, 81o, 81u.

Alle übrigen Fotos mit freundlicher Genehmigung der dort beschriebenen Fincas.

Gedruckt auf Primabulk von Papier Union.

Mit MERIAN auf Reisen

MERIAN ist das Synonym für Reisen und Kultur auf höchstem Niveau. Mit dem monatlich erscheinenden Magazin MERIAN erleben Sie einzigartige Bilder und packende Reportagen. Jede Ausgabe enthält außerdem einen umfangreichen Serviceteil.

Ihren MERIAN Wunschtitel finden Sie im gut sortierten Buch- und Zeitschriftenhandel.

www.merian.de

MERIAN
Die Lust am Reisen

I
Torre Picada
Port de Sóller
Cap Gros
Mirador de Ses Barques
Balitzx d'Avall
805
Puig Major 1445
Serra de Son Torrella
Santuaris protohistòric
Muleta
l'Horta
Fornalutx
Embalse de Cuber
Cala de Deià
Punta de Deià
SÓLLER
Biniaraix
Serra d'Alfàbia
Convento de San Francisco
Lluc-Alcari
Punta de sa Foradada
Son Marroig
L'Ofre
Comasema
Solleric
Deià
Oratori de N.S. de Refugio
Miramar
Mirador de Ses Pites
Torre de Son Galceran
Puig des Teix 1064
496
Coll de Sóller
Alfàbia 1067
Castell d'Alaró
Orient
Son Mas
Ermita de Trinitat
Son Moragues
Biniforani Nou
Alfàbia
Son Bergues
Son Pou
Avenc de Son Pou
Casa Garriguer
Jardins
C710
Valldemossa
La Cartoixa
Alfàbia
Alaró
Son Forteza
Sant Bartomeu
Son Oleza
San Mateo
Bunyola
666
Puig de N'Aymerich
Son Brondo
Puig des Boixos 626
Raixa
C711
Sanatori Juan March
Son Puig
Baix des Puig
0 3 km
© MERIAN-Kartographie